GW00497122

DIATÉZWA FELIX

Baby-sitter blues

Marie-Aude Murail

Baby-sitter blues

Médium
11, rue de Sèvres, Paris 6e

Loi n° 49.956 du 16 juillet 1949 sur les publications
destinées à la jeunesse : avril 1988
Dépôt légal : novembre 2000
Imprimé en France par Jean Lamour à Maxéville

Pour Benjamin

Première partie

Je me lance dans le baby-sitting

1

Quand j'ai vu le magnétoscope de Xavier Richard, j'ai su qu'il m'en fallait un.

– Et quoi encore ! a dit ma mère.

– Ben, des cassettes-vidéo. Richard a toute une vidéothèque. Rien que des films d'horreur.

– C'est malin.

Je ne lui ai rien dit des autres films. Même les parents de Xavier ne sont pas au courant.

– Et c'est « le » magnétoscope de Richard parce qu'il y en a un autre pour la famille, insistai-je lourdement.

– Écoute, quand on s'appelle « Richard », on est prédestiné. Son landau devait sortir de chez Rolls-Royce, non ?

– C'est malin, dis-je à mon tour.

Ma mère s'agitait dans sa cuisine plus qu'il n'est nécessaire pour passer une barquette de lasagnes au four à micro-ondes. Je sais bien que je l'énerve à réclamer tout le temps. Mais avec cent balles d'argent de poche par mois, je suis le smicard du collège.

– Il faut tenir compte de l'inflation, dis-je encore dans le dos de ma mère.

Maman se retourna lentement. De temps en temps, quand je la sens en colère, je ne sais pas pourquoi, mais je me recule un peu. Je ne suis pas un môme, pourtant. On est presque de la même taille maintenant.

– Si tu as tellement besoin d'argent, me dit-elle doucement, pourquoi est-ce que tu n'en gagnes pas ?

– Ah non, merci ! Cent sous pour vider la poubelle. Tu m'as regardé ?

– Oui, tu es moche !

– Si tu te crois belle…

On s'est regardés en plein et on a rigolé parce que, pour la beauté, franchement, on est à égalité. C'est comme ça, ma mère et moi. On s'énerve, on crie, on crie. Tout le monde craint le pire, le flot d'injures, la mare de sang, la paire de claques. Pour finir, on rigole.

– Fais comme Martine-Marie, m'a suggéré maman, elle est baby-sitter.

Martine-Marie est la filleule de maman, autant dire un ange descendu des cieux. Un jour ou l'autre, les ailes vont lui pousser.

– Ça existe, «un» baby-sitter? ai-je demandé, soupçonneux.

Ma mère m'a répondu, péremptoire:

– Si ça n'existe pas, tu n'as qu'à lancer la mode.

Ma mère travaille dans la mode, justement. Elle est toujours dé-bor-dée. Moi, j'ai décidé d'être démodé. Comme ça j'ai tout-mon-temps.

«Un» baby-sitter, à Montigny (où j'habite), se fait 20 francs de l'heure. Un magnétoscope comme celui de Richard coûte 5520 F. Donc 5520 : 20, en 276 heures de baby-sitting, je pourrai m'acheter mon magnétoscope. Si on considère que je ne peux pas faire de baby-sitting le lundi, parce que je vais au ciné-club, que le mercredi est la veille du jeudi où je dois me lever tôt, que le samedi ma mère veut me voir, que le dimanche, deux fois par mois, j'ai compétition de volley, je pense que je pourrai me passer mes premières cassettes-vidéo quand j'aurai pris ma retraite.

– Si tu gagnes 2000 F par toi-même, a dit maman, je paierai le reste.

Donc 2000 : 20, ça fait 100 heures. Si je peux faire, mettons, huit heures de baby-sitting par semaine, en combien de semaines est-ce que…

– Mais laisse cette calculette ! s'est énervée maman, et téléphone à Martine-Marie. Elle a plein d'adresses.

*
* *

C'est comme ça que tout a commencé.

J'ai fait mon premier baby-sitting chez madame Grumeau, Jacqueline. Sa figure s'est allongée quand elle m'a vu sur son palier.

– C'est… c'est vous qui venez de la part de Martine-Marie ?

J'ai fait signe que oui, modestement.

– Vous êtes parents ?

J'ai senti que ça la rassurerait si Martine-Marie et moi étions cousins. Être le cousin d'un tel ange, c'est en soi une référence.

– Ah ! s'est étonnée madame Grumeau, je ne savais pas que la maman de Martine-Marie avait une sœur.

– Une sœur jumelle, précisai-je pour la contenter tout à fait.

– Je me disais aussi que vous ressembliez beaucoup à Martine-Marie. Entrez donc.

Madame Grumeau Jacqueline était pourvue de deux filles : Anne-Sophie (sept ans) et Anne-Laure (cinq ans).

– Elles se couchent à huit heures trente, m'expliqua leur maman, il faut allumer la veilleuse d'Anne-Sophie et Anne-Laure a besoin d'un verre d'eau près de son lit. Je vous ai laissé le numéro de téléphone du Samu, du commissariat, des pompiers, des transfusions urgentes, des ambulances et du centre antipoison.

J'avais dans l'idée que madame Grumeau n'était pas tout à fait en confiance.

– Ne vous en faites pas, dis-je, le ton professionnel, j'ai l'habitude.

– Vous faites souvent du baby-sitting ? me demanda madame Grumeau, se détendant à vue d'œil.

Allez, fendons-nous d'un petit mensonge, le dernier :

– Je garde souvent Ludovic.

– Ludovic ?

– C'est mon cousin. Il a quatre ans.

– Première nouvelle ! Martine-Marie a un petit frère ?

– Non, c'est le fils d'un frère de ma mère.

Madame Grumeau était ravie. Elle était tombée sur le champion du monde des baby-sitters, toutes catégories.

Ses filles eurent l'air nettement moins contentes. Anne-Sophie m'a regardé par en dessous :

– C'est toi qui nous gardes ?

Anne-Laure a éclaté en larmes :

– Je veux pas, moi ! Je veux Martine-Marie ! Ouin !

S'il y a une chose que je ne supporte pas, c'est un gosse en train de pleurer.

– Bon, tais-toi ! Mais tais-toi donc !

Je l'ai un petit peu secouée pour qu'elle se taise. Elle s'est mise à hurler :

– Tu es un vilain ! Je veux ma maman !

J'ai regardé les numéros de téléphone que m'avait laissés madame Grumeau. Devais-je appeler les pompiers ou le centre antipoison ? Ah, tiens, une idée :

– Si tu ne te tais pas, menaçai-je, j'appelle l'agent de police. Ta mère m'a donné le numéro.

– C'est même pas vrai, a marmonné Anne-Laure, impressionnée.

Ouf, la crise était passée.

– Et maintenant, on va aller se coucher ! annonçai-je gaiement.

– Et l'histoire alors ? s'insurgea Anne-Sophie.

– Quelle histoire ?

– Martine-Marie nous raconte toujours une histoire ! C'est l'histoire d'un petit lapin vert qui a perdu ses parents.

– Il s'appelle Perlin-le-lapin, ajouta Anne-Laure.

– Pas du tout, dis-je, je la connais cette histoire. Le lapin s'appelle Ranflanflan-des-Épinettes. Il a un ennemi mortel qui s'appelle Tartempion-les-belles-Mirettes. Et ses parents, ce n'est pas la peine que Ranflanflan les cherche : ils sont allés en vacances au Club Méditerranée.

– Mais ils vont revenir ? s'inquiéta Anne-Laure.

– À la fin de la semaine par le train de 12 h 07,

répondis-je, si tu n'as jamais vu de lapins bronzés, tu n'auras qu'à les attendre à la gare.

– Et Tartempion-les-belles-Mirettes, est-ce qu'il est méchant ? m'a demandé Anne-Sophie.

– Très.

– Méchant comme quoi ?

– Méchant comme un loup, comme un ogre, comme trente-six mille sorcières ! Ah ! Ah ! Ah !

C'est comme ça qu'à dix heures du soir, j'étais encore en train de parler de cet imbécile de Ranflanflan et de son ennemi juré.

– Tu en connais d'autres, des histoires de Ranflanflan ? a bredouillé Anne-Laure en s'endormant.

– Trois cent mille.

– Tu nous les raconteras toutes, hein ?

– Toutes.

J'ai juste eu le temps de me jurer que je ne serai jamais père de famille et je me suis endormi sur la moquette.

*
* *

Madame Grumeau Jacqueline a eu vite fait de me recommander à toutes ses amies, tant ses filles avaient été contentes de moi. C'est ainsi que pour ma deuxième soirée de bonne d'enfants, j'ai sonné à la porte de madame Durieux. Qui allais-je baby-sitter, cette fois-ci ? Une jeune fille vint m'ouvrir.

– Je suis le baby-sitter, m'annonçai-je, je voudrais voir madame Durieux.

La jeune fille me regarda avec des yeux ronds :

– Ben, c'est moi.

– Ah bon. Je vous avais prise pour votre fille.

Madame Durieux se mit à rire un peu bêtement. Elle n'avait pas dû inventer la poudre à canon.

– Je vais au cinéma avec mon mari, me dit-elle, en prenant son petit sac.

Elle allait refermer la porte. Je la rappelai :

– Mais... où sont les mioches ?

– Anthony ? s'étonna madame Durieux, oh, il dort. A six mois, ça dort tout le temps.

– Ah bon ? Et le numéro des pompiers, du Samu, tout ça...

La pauvre madame Durieux ouvrait la bouche aussi grand que les yeux. Elle ne voyait vraiment pas où je voulais en venir.

– J'ai le numéro des Taxis Bleus, dit-elle enfin, en désespoir de cause.

– C'est déjà ça, répondis-je, je pourrai prendre

un taxi pour aller prévenir les pompiers si la maison brûle.

Madame Durieux eut une lueur d'intelligence dans les yeux :

– Tu es un marrant, toi ! me lança-t-elle, excuse-moi, je suis en retard.

Et clac ! Elle me ferma la porte au nez.

« C'est sûr que je suis un marrant », pensai-je en entrant dans le salon, « quand on est moche et qu'on a oublié d'avoir un père, on a intérêt à faire marrer tout le monde. »

Je jetai un coup d'œil autour de moi. Ce bazar ! Des meubles partout, des fauteuils laids comme des gros crapauds, des fleurs en tissu et des fruits en plastique, une fausse bûche dans la cheminée avec une lumière rouge pour faire croire qu'il y a des braises... beuh ! Je m'effondrai sur le divan.

– Bon, il y a la télé, dis-je à voix haute pour me remonter le moral.

Au moins, il n'y aurait pas de Ranflanflan au programme de la soirée. Je poussai le bouton de la télé. C'était France-URSS. Mieux que rien. Au bout de dix minutes, toujours 0-0, mais je crus entendre un petit bruit venant de la pièce du fond.

– Je dois me tromper, marmonnai-je.

Mais le petit bruit se confirma et se transforma brusquement en un gros, gros bruit. Le petit hurlait ! Je bondis sur mes pieds. Le gosse devait s'étouffer en mangeant son oreiller. Si, si, ça s'est vu. Je courus jusqu'à la chambre, j'allumai la lumière, j'arrachai le petit à son lit. D'abord je le secouai puis je lui mis la tête en bas, à tout hasard. Quand je le remis la tête en haut, il ne pleurait plus, il me regardait, les yeux et la bouche grands ouverts.

– Alors, mon pote, comment ça va ? lui demandai-je, encore tout tremblant.

Et là, catastrophe, il se remit à hurler. Je faillis le reposer dans son lit et m'enfuir en courant. Mais une idée me traversa l'esprit. Pour endormir les bébés, on leur chante des berceuses !

– Voyons, une berceuse, marmonnai-je, tout en secouant le gamin, heu... Ah oui, celle que maman me chantait.

À ce qu'il paraît (ma mémoire est très imprécise sur cette période, je suis obligé de faire confiance à des témoins), à ce qu'il paraît, je ne voulais jamais m'endormir le soir, quand j'avais deux mois. Je souffrais de coliques atroces. Personnellement, je ne me souviens de rien. Mais ma mère m'a certifié qu'elle me chantait pendant des heures cette poétique petite berceuse :

«Qui a vu dans la nue le petit ver de terre,
Qui a vu dans la nue le petit ver tout nu ?»

J'aime autant vous prévenir qu'il n'y a pas de réponse à cette question.

Je fis donc les cent pas pendant dix minutes en me demandant de ma voix mélodieuse si quelqu'un n'aurait pas vu un petit ver de terre. Peine perdue. Le gosse se fichait complètement des vers de terre, nus ou en complet veston. Il hurlait toujours. Que faire ? Alors, nouveau trait de génie : les Taxis Bleus. Xavier Richard m'a raconté que dans son jeune âge, lorsqu'il ne voulait pas s'endormir, son père le mettait dans un couffin et zou ! sur la banquette arrière de la voiture. Au bout de dix kilomètres, Xavier dormait.

– Allô, Taxis Bleus ?

– Où c'est-ti que j'vous emmène ? m'a demandé le chauffeur, cinq minutes plus tard.

– Vous faites le tour de la Résidence jusqu'à ce que le môme s'endorme, dis-je, en m'installant à l'arrière.

Je crus qu'il allait crier : « Quel culot, descendez tout de suite ! » Mais pas du tout. Lui aussi avait eu une fille qui ne voulait jamais s'endormir, le soir. Il n'y avait que son papa qui la faisait céder.

– Et encore il fallait que je lui chante une chanson, me confia le chauffeur.

– Celle du petit ver de terre ? demandai-je, avec intérêt.

– Ah non. Moi, c'était (il se mit à chanter) :

« L'autre soir, pipon, pipon,
Boulevard Rochechouart, pipon, pipon,
Deux mémères se battaient, pipon, pipon,
À grands coups de balai, pipon, pipon.
La police, pipon, pipon,
Toujours pleine de malice, pipon, pipon,
Fit coller des affiches, pipon, pipon,
Des affiches qui disaient, pipon, pipon :
L'autre soir, pipon, pipon,
Boulevard Rochechouart, pipon, pipon... »

Moi, si j'ai des gosses, un jour, je leur chanterai la chanson du chauffeur de taxi. Anthony s'est endormi presque tout de suite. Je me demande à la réflexion si ce n'était pas pour ne plus entendre le chauffeur, tellement il chantait faux.

– Il est mignon, ton petit frère, m'a complimenté le chauffeur en s'arrêtant devant chez madame Durieux.

– Ce n'est pas mon frère, dis-je, en regardant Anthony.

C'est vrai qu'il était très mignon, bien serré contre moi.

– C'est mon cousin, décidai-je.

Madame Durieux n'a pas très bien compris pourquoi je lui demandai soixante francs de baby-sitting et vingt francs de Taxi Bleu. Mais elle a payé. Je ne lui ai même pas raconté qu'Anthony s'était réveillé. Elle était allée voir un film avec Alain Delon. Elle ne parlait plus que de ça.

– Il était beau quand il était jeune, me dit-elle, en me raccompagnant, mais je trouve que son fils est encore plus beau.

– Anthony Delon? demandai-je.

– Oui, je l'adore ! C'est pour ça que j'ai appelé mon fils « Anthony » !

– Et si Alain Delon avait appelé son fils Hippolyte, qu'est-ce que vous auriez fait ?

Elle me regarda avec ses yeux d'ahurie. La conversation devenait trop intellectuelle pour elle.

– Bonsoir, madame Durieux !

– Bonsoir, heu, monsieur !

Elle ne savait plus si j'avais quatorze ou soixante-cinq ans. Des fois, je me le demande aussi.

2

Le premier mercredi du mois, c'est le jour de Martine-Marie. Maman invite sa filleule à déjeuner et elle la fait parler. « Oui, Martine-Marie fait toujours de la danse moderne, non, elle ne redoublera pas, oui, elle va partir en Allemagne pour un séjour linguistique. » C'est pas-sion-nant ! Mais pour une fois, j'avais envie de discuter avec Martine-Marie.

– Est-ce que tu as déjà gardé le petit Anthony Durieux ? lui demandai-je.

Martine-Marie secoua la tête.

– Est-ce que tu sais pourquoi les bébés pleurent, comme ça, tout d'un coup ? la questionnai-je encore.

– Ils ont mal au ventre, intervint maman.

– Ou c'est les dents ? suggéra Martine-Marie.

– Un bruit qui les a fait sursauter, ajouta maman.

– Ils ont faim aussi.

– Ou soif.

– Ils sont mouillés.

– Alors, ils ont froid.

– Ou ils sont trop couverts…

– Ils font des cauchemars.

J'étais consterné. Malheureux Anthony ! La vie n'est pour lui qu'une succession de calamités. J'ai décidé de me documenter sur la question des bébés. Je suis sûr qu'on peut faire quelque chose pour eux.

Je me suis donc rendu à ma bibliothèque. La bibliothécaire-chef était à son bureau, en train de remplir des fiches.

– Où est-ce que je pourrais trouver un livre sur les bébés ? lui demandai-je.

– Comment on fait les bébés ? c'est ça ? me questionna la bibliothécaire-chef, en fronçant les sourcils.

– Non. Ça, je sais. Je cherche un livre où on dit pourquoi les bébés pleurent…

– C'est ta mère qui t'envoie ? m'interrogea la bibliothécaire-chef, les sourcils de plus en plus froncés.

– Non, c'est mon frère, répondis-je, avec son fils aîné, Ludovic, ça se passe bien. Mais il a un problème avec son petit Anthony.

– Je connais un petit Anthony, remarqua la bibliothécaire-chef, enfin souriante, je le croise au supermarché. Anthony Durieux.

– C'est lui ! m'exclamai-je étourdiment.

– Ah ? Tu es le frère de monsieur Durieux ?

– Heu, eh bien, oui, me décidai-je, un peu à contrecœur.

Ma situation familiale devenait de plus en plus embrouillée. La mère de Martine-Marie était la sœur jumelle de ma mère, et le père de Ludovic et d'Anthony, mes cousins, n'était autre que monsieur Durieux. Donc, monsieur Durieux était le frère de ma mère et l'oncle de Martine-Marie.

– Regarde au rayon « psychologie », me conseilla la bibliothécaire-chef, tu trouveras sûrement.

Dans le rayon « psychologie », j'ai vu : « SOS enfants battus », « Ces adolescents difficiles », « Tout se joue avant six mois », « Apprendre à lire à un nourrisson », « L'Échec scolaire : pourquoi ? ». Rien ne me tentait. Enfin, j'ai aperçu un petit bouquin à tranche rose : « Comprendre et aimer son enfant ».

– Tu prends celui-là ? m'a demandé la bibliothécaire-chef, avec un petit clin d'œil complice.

– Il a l'air bien.

– Quand je verrai madame Durieux au supermarché, je lui demanderai ce que son mari en a pensé.

Aïe ! Aïe !

– Non, il vaut mieux ne pas en parler, dis-je précipitamment.

– Ah bon, pourquoi ?

Vite, vite, mon Dieu, inspirez-moi un mensonge, un tout petit. Le dernier, c'est promis :

– En fait, c'est mon frère qui l'emprunte pour aider une sœur de sa femme qui ne veut pas qu'on sache qu'elle a des problèmes avec sa cadette, Anne-Laure…

– Ah, ça, c'est drôle, je connais une Anne-Laure, justement, m'interrompit la bibliothécaire-chef, Anne-Laure Grumeau.

– C'est elle ! m'exclamai-je, encore plus étourdiment que la fois précédente.

– Tiens, je ne savais pas que madame Grumeau était la sœur de madame Durieux…

– Le monde est petit, dis-je.

« Je deviens complètement fou avec mes histoires de famille ! pensai-je, en courant jusqu'au parking à vélos. J'aurais dû emprunter : « Ces adolescents difficiles ». Mon cas y est sûrement étudié. »

Quant à Anthony, j'ai compris son cas en lisant le livre à tranche rose. Sa mère ne l'aime pas.

– Tu ne crois pas que tu exagères un peu ? m'a demandé maman.

– Mais je te jure ! Elle ne pense qu'aux vedettes, aux films, aux sorties.

– Elle aime son fils mais elle est trop jeune. Elle a besoin de s'amuser. Moi aussi, je manquais de maturité quand tu es né. Autrement, je serais restée avec ton père.

– Laisse tomber, dis-je.

Mon père, c'est du passé. Il paraît que j'ai son nez. Et après ?

*
* *

Madame Aziz avait eu mon numéro de téléphone par madame Grumeau Jacqueline.

– Vous avez l'habitude des enfants de cinq, six ans ? me demanda-t-elle au téléphone.

– Ah là là, je ne connais que ça !

– Et les enfants de sept, huit ans ?

– C'est ceux que je préfère.

Madame Aziz a laissé passer un petit temps de silence :

– C'est que, voyez-vous, Martin, mon fils aîné, est parfois assez... désobéissant. Il faut élever la voix.

– Pas de problème, dis-je, en me raclant la gorge, pour le cas où il faudrait donner de la voix tout de suite.

– Et Axel, mon deuxième, est assez... turbulent. Des fois, il n'y a pas d'autre solution que la fessée.

Je commençais à faiblir à l'autre bout du fil. Mais la pensée de mon magnétoscope me ranima :

– Pas de problème, dis-je encore.

Madame Aziz oublia de me préciser que j'étais le dixième baby-sitter qu'elle usait depuis le début de l'année.

Dès qu'on voit Martin Aziz (sept ans), on sait qu'il va dire « non ». C'est écrit sur son front étroit. Mais quand on voit Axel Aziz (cinq ans), on sait qu'il va vous chantonner toute la soirée : « Tu ne m'attraperas pas, euh, tu ne m'attraperas pas, euh... » Ça se lit dans ses yeux vif-argent.

– Allez, soyez bien sages, mes chéris, dit madame Aziz en les embrassant.

Monsieur Aziz attendait, appuyé à la porte, le nez dans l'« Officiel des Spectacles », vivante image de l'autorité paternelle... défaillante.

Dès que la porte fut refermée sur les parents, je croisai les bras, très adjudant de carrière, et je commençai :

– Bon. Vous vous êtes lavé les dents ?

– Non, me répondit Martin.

– Bon. Alors, allez vous laver les dents !

– Non, répéta Martin.

Je me tournai vers Axel. Il s'enfuit vers le couloir en chantonnant :

– Tu m'auras pas, euh, tu m'auras pas...

Je décidai sur-le-champ de changer de stratégie.

– Vous avez déjà entendu parler de Ranflanflan-des-Épinettes ?

– Qu'est-ce que c'est que cet imbécile ? me demanda Martin, intéressé malgré tout.

– C'est un petit lapin vert qui ne veut jamais faire ce qu'on lui demande, dis-je, ses parents en ont eu tellement marre qu'ils sont partis sans lui au Club Méditerranée.

Axel s'était rapproché, l'air soucieux, le pouce dans la bouche.

– Et alors ? m'a questionné Martin.

– Et alors... qu'est-ce que va devenir Ranflanflan sans ses parents ?

Axel ôta son pouce de sa bouche :

– Il va téléphoner au baby-sitter, dit-il gravement, et il remit son pouce dans sa bouche.

– Voilà, c'est ça, approuvai-je, le baby-sitter va venir. Et qu'est-ce que vont faire Ranflanflan et le baby-sitter pour s'occuper ? Eh bien, ils vont aller se laver les dents...

– Non, a dit Martin.

– Non ! répétai-je, non. Ils auront une meilleure idée. Ils iront se coucher.

– Non, a dit Martin.

– Non plus, repris-je, de plus en plus désespéré.

Axel ôta son pouce de sa bouche :

– Ils vont zouer aux petits sevaux.

Nous avons donc sorti la boîte des « petits sevaux ». Axel avait une chance insolente. Il ne tirait que des 6 ou des 5. Ses chevaux galopaient pendant que ceux de Martin piaffaient à l'écurie.

– C'est pas juste, rageait Martin.

Il arriva un moment où Axel fit même « sauter » un des chevaux de Martin.

Le drame éclata :

– C'est dégoûtant ! Tu triches...

– Non, monsieur, ze trisse pas. C'est toi, tu es mauvais zoueur !

Et je jette les dés et j'écrase la boîte et je te tire les cheveux et je te tords les poignets...

– Doucement, doucement ! hurlai-je, tout en essayant de les séparer et récoltant, pour ma peine, un maximum de coups de pied.

Enfin, le calme revint, troublé par quelques sanglots d'Axel.

– C'est mal de vous battre, dis-je, le ton convaincu. Des frères, ça ne devrait jamais se battre.

– Martin, c'est un messant, déclara Axel, en reniflant.

– Et toi, tu es une andouille trop cuite, répliqua Martin.

– Vous devriez penser à Ranflanflan, dis-je, la voix solennelle.

– Qu'est-ce qu'il a encore, cet imbécile ? me demanda Martin, arrogant.

– Il n'a pas de frère, expliquai-je, et maintenant que son papa est parti, il est tout seul…

Les deux gamins me dévisagèrent.

– Tu es triste ? me demanda Martin.

– Non, je ne suis pas triste. Mais c'est bien d'avoir un frère.

Axel et Martin sont allés se laver les dents. Puis ils m'ont embrassé et ils sont allés se coucher. Les petits Aziz sont des gosses épatants. J'en veux deux comme ça quand je serai grand. C'est ce que j'ai dit à leurs parents. J'ai cru que monsieur Aziz allait me proposer de les emmener dès maintenant. Mais non. Il a regardé sa femme en souriant :

– C'est vrai qu'ils sont bien, nos gamins, a-t-il dit, en se rengorgeant.

Madame Aziz m'a donné cent francs. Le jour approche où Ranflanflan pourra se payer son magnétoscope !

3

A force de relire «Comprendre et aimer son enfant», j'ai fini par comprendre que madame Durieux aimait son enfant. À sa manière.

– C'est-à-dire mal, expliquai-je à ma mère.

– Qu'est-ce que tu peux en savoir ? me répliqua maman.

– Elle ne joue pas avec lui. Elle ne lui parle que pour dire : «Il va faire dodo, le bébé.» Ce gosse est sous-stimulé sur le plan intellectuel... Je ne vois pas pourquoi tu rigoles !

Ça m'énerve. Dès que je parle sérieusement, les adultes se marrent. Quand je me marre, bien sûr, ils me disent : «Soyons sérieux.»

J'ai eu bien des occasions de revoir Anthony parce que ses parents sortaient souvent.

– C'est normal s'il est chauve ? demandai-je à madame Durieux.

– Ça va pousser.

– C'est normal qu'il ne s'assoit pas ?

– Ça va venir.

– C'est normal qu'il ne dise jamais rien ?

– Qu'est-ce que tu veux qu'il dise ?

Chacune de mes questions laissait madame Durieux un peu plus perplexe. A force de lire et de relire mon bouquin, j'ai acquis la certitude qu'un gosse de l'âge d'Anthony doit dire « tatata » ou « bababa » et qu'il doit chercher à se redresser. Anthony, c'était un paquet de couches et rien de plus. Je me disais :

« Et si Anthony est sourd ? Et s'il est débile mental ? Et s'il est handicapé moteur ? »

Ça tournait et tournait dans ma tête. Je n'osais pas en parler à madame Durieux. J'ai donc pratiqué moi-même quelques petites expériences.

Dès que madame Durieux me quittait au bras de son mari, j'allais réveiller Anthony. Au bout de trois fois, je n'avais même plus besoin de le secouer, il m'attendait.

– Salut, mon pote !

Anthony me souriait et il agitait les jambes

comme un coureur cycliste. En langage bébé, ça voulait dire qu'il était content de me voir. Donc, il était intelligent !

Pour commencer la séance, je faisais toutes sortes de bruits bizarres avec un grelot, un sifflet ou une boîte qui fait « meuh » quand on la retourne. Anthony cherchait d'où venait le bruit. Donc, il n'était pas sourd.

– Suite du programme, mon pote : un peu de gym.

Je sortais Anthony de son plumard et je l'arrimais à une chaise. Au début, il retombait sur les fesses, flouch ! comme un tas de chiffons. Petit à petit, il a voulu tenir debout, accroché à la chaise. Donc, il n'était pas handicapé.

Je fis à madame Durieux le rapport de mes différentes expériences.

– Pourquoi tu t'intéresses tellement aux bébés ? me demanda madame Durieux.

Pour accroître mon prestige, un petit mensonge était devenu nécessaire. Mais vraiment le dernier.

– Vous connaissez le docteur Grumeau ? dis-je.

– Le mari de madame Grumeau ?

– Oui, il est pédiatre. C'est mon oncle. Je ferai médecine plus tard et je prendrai sa succession.

– Oh, je comprends ! s'exclama madame Durieux, admirative.

*
* *

Un mardi, j'entrai dans une boutique Prénatal du centre commercial. J'avais décidé de faire un petit cadeau à Anthony. Je faillis ressortir en apercevant au fond du magasin madame Aziz en personne. Elle me sourit, un peu embarrassée. Elle était en train de se choisir une robe, une robe large, surtout à la taille. Misère ! Un troisième petit Aziz à baby-sitter... Ils étaient donc tellement contents des deux premiers ?

– Et pour vous, monsieur ? me demanda la vendeuse, en me toisant avec un peu de condescendance.

– Je cherche une peluche pour mon petit cousin.

– Je vous laisse chercher, me dit-elle du bout des lèvres.

Il y avait là, entassés sur des étagères, des bandes de singes à queue multicolore, des éléphants bleu turquoise, des chats qui font « pouin pouin », des girafes qui font «pouet pouet», des chenilles qui louchent, des petits kangourous dans la poche de grands kangourous, un labrador aussi grand qu'un vrai et des kyrielles de nounours à faire craquer la banquise elle-même. Ça m'a pris à la gorge. Je les voulais tous.

– Vous avez choisi ? me demanda la vendeuse, le ton pincé, regardant ostensiblement du côté de mes poches (pour le cas où je lui aurais volé un éléphant).

C'est alors que j'eus un vrai coup de cœur. Pas pour la vendeuse, pour un lapin. Il était vert avec de grandes oreilles un peu tombantes. MON lapin !

– Je crois que je vais me décider pour un ranflanflan, dis-je, très naturel.

– Un ranquoi ?

Tss ! Ça veut vendre des jouets pour les enfants et ça ne sait même pas qu'un ranflanflan est un lapin vert qui a perdu ses parents.

Le mardi soir, muni de mon ranflanflan, j'avançai à quatre pattes dans la chambre d'Anthony pour qu'il ne me voie pas arriver. Puis, une fois près du lit, je lui brandis sous le nez mon lapin vert :

– Salut, petite tête ! Je suis Ranflanflan-des-Épinettes, dis-je, en contrefaisant ma voix.

Je m'attendais à bien des réactions, un sursaut, des hurlements, mais je ne m'attendais pas à ça : Anthony éclata de rire, d'un gros rire, un rire deux fois gros comme lui. Il n'avait encore jamais ri de sa vie. Un ban pour Ranflanflan ! Dans la même soirée, Anthony me fit à son tour un cadeau.

– Ça y est, dis-je à madame Durieux de retour du cinéma, Anthony parle.

– Qu'est-ce qu'il a dit ? s'écria-t-elle.

Elle avait une telle confiance dans mes capacités de baby-sitter qu'elle s'attendait sans doute à ce qu'Anthony lui récite « La cigale et la fourmi ».

– Il dit « dadada » et « gueugueugueu », précisai-je, c'est en général ce que disent les mômes de sept mois. Ça s'arrangera par la suite.

– Je vais l'écrire à maman, me dit madame Durieux, toute contente.

Madame Durieux m'avait un peu raconté sa vie. Elle avait laissé sa mère, ses frères et ses amies, là-bas à Sarreguemines. Son mari n'avait pas pu trouver de travail au pays. Ils étaient venus s'installer à

Montigny. Madame Durieux avait souvent le cafard et son mari était soucieux parce qu'il n'était pas sûr de garder son emploi. On licenciait à tour de bras. Alors, pour oublier tout ça, ils allaient au cinéma...

*
* *

– Je ne sais pas ce qu'a Anthony aujourd'hui, me dit madame Durieux le mardi suivant, il ne veut pas manger, il pique des crises...

– C'est les dents, dis-je, sereinement professionnel.

Monsieur et madame Durieux me quittèrent très vite. Ils étaient en retard. J'allai dans la chambre d'Anthony. Effectivement, il pleurait.

– Salut, mon pote ! C'est Ranflanflan, ton baby-sitter à la noix !

Anthony me regarda sans un sourire.

– Ce n'est pas la forme, mon vieux. Qu'est-ce qui ne va pas ?

Anthony se remit à pleurer. Il était pâle, vraiment pâle. Il y avait quelque chose d'étrange dans ses yeux. Soudain, son visage se crispa violemment et il hurla.

– C'est des coliques, marmonnai-je, j'ai bien connu ça, mon pote. Ça va passer.

Il n'était pas question de rigoler avec Ranflanflan, ce soir. Je me dirigeai vers la cuisine. Quand je suis inquiet, c'est plus fort que moi, il faut que je saucissonne. Tout en mangeant, je restais à l'écoute. Anthony geignait. L'idée me vint qu'il était peut-être réellement malade.

Je retournai au pied de son lit. La douleur le rétractait en boule, comme un nouveau-né. Il me vit et, dans ses yeux, je lus « au secours ! » aussi clairement que s'il m'avait parlé. Un grand frisson me passa dans le dos jusqu'à la racine des cheveux. La mort.

– Au secours ! criai-je à mon tour.

Non, pas de panique. Garde ton sang-froid. Qu'est-ce qu'il faut faire ? Réfléchis...

Voilà, je sais :

– Madame Grumeau ? Oui, c'est le baby-sitter. Je suis chez madame Durieux. Est-ce que votre mari est là ? Il dort ? Mais je veux lui parler. C'est pour Anthony. Il a mal au ventre.

– Comme tous les bébés. Je ne vais pas réveiller mon mari pour si peu. Bercez-le.

– Mais...

Elle avait raccroché.

Je courus au lit d'Anthony. Il hurlait sans s'arrêter. Un calme glacé me tomba sur les épaules. La vie d'Anthony était entre mes mains. Je le savais.

D'un pas ferme, j'allai dans la chambre de madame Durieux. Son livre de puériculture était sur la table de chevet. Je cherchai à « cris » dans le lexique médical. Les mots se mirent à danser devant mes yeux : « cris aigus, douleur violente... doit vous alerter... ne mange pas, hurlements suivis d'accalmies, la crise se précipite... perd du sang, urgence chirurgicale. » Le livre était formel, il n'y avait qu'un diagnostic possible.

Je décrochai le téléphone :

– Madame Grumeau ? Oui, c'est encore moi. Si vous ne me passez pas votre mari, vous aurez une mort sur la conscience.

La violence de ma voix la fit obéir sur-le-champ.

– Allô, docteur Grumeau ? C'est pour Anthony Durieux. C'est une « invagination intestinale aiguë ».

Un court silence interloqué de l'autre côté.

– J'arrive.

J'ai dû attendre cinq minutes, cinq minutes horribles.

– Tiens bon, Anthony ! Tiens bon, mon pote ! Le docteur arrive. Je ne te lâche pas la main, tu vois ?

Enfin, on sonna.

– C'est par là ! Vite !

Le docteur se pencha au-dessus du lit. En trois gestes, il avait déshabillé Anthony.

– Il saigne, appelle une ambulance. On l'embarque.

Je savais tous les numéros de madame Grumeau par cœur. J'appelai une ambulance. Mais il fallut attendre encore cinq minutes. Les cris d'Anthony. Puis l'ambulance. « Par ici, vite ! Oui, au bloc opératoire. On a déjà trop attendu. »

Ils s'en vont. « Pinpon, pinpon, pinpon ». Le silence. Puis une sonnerie. Les Durieux. Je les avais oubliés, ceux-là.

– Elle était vraiment sexy, Marilyn, commença gaiement madame Durieux.

– S'il vous plaît, dis-je, la voix suppliante, s'il vous plaît…

En une fraction de seconde, je ne sais vraiment pas comment, madame Durieux a tout compris.

– Anthony !

Et elle a couru jusqu'à la chambre vide.

Nous sommes allés tous les trois à l'hôpital. On ne disait plus rien. Au bout de la route, il y avait Anthony. La mort ou la vie.

– Vous êtes les parents du petit ? Asseyez-vous, a dit l'infirmière, le docteur va venir. On a opéré. Tout va bien.

C'était un ange, cette infirmière. D'ailleurs, elle ressemblait à Martine-Marie. Le docteur Grumeau nous a rejoints, un sourire sur le visage. Il a pris ma main entre les siennes et il m'a dit :

– Ce qui t'est arrivé, ce soir, ne t'arrivera sans doute pas deux fois dans ta vie : tu as sauvé quelqu'un.

– Ça m'arrivera encore, dis-je, la voix tremblante, parce que je serai médecin.

Ma mère aurait été surprise d'entendre ça. La veille encore, je parlais d'être grand reporter.

– Heureusement que votre neveu était là, dit madame Durieux au docteur.

– Mon neveu ? s'étonna monsieur Grumeau, vous voulez parler du frère de votre mari ?

Aïe, aïe !

– Mon mari n'a pas de frère, docteur !

J'avais déjà disparu.

4

Je faisais les cent pas dans le centre commercial. C'était le premier mercredi du mois et j'attendais Martine-Marie, la filleule de maman. Tout en regardant les vitrines, je me disais : « Tout va bien. » Quand tout va bien, je n'hésite pas à m'en faire part. Je ne suis pas superstitieux.

Tout allait bien, en effet. Mon aventure avec Anthony avait fait le tour de Montigny. J'étais devenu le seul baby-sitter crédible sur le marché. Xavier Richard m'avait surnommé « le Rambo des nurseries ». Ce mois de juin, j'étais à la tête de 1820 F. Encore un petit effort et le magnétoscope serait « in ze pocket ».

Tout en attendant Martine-Marie, je regardais les vitrines dans les galeries marchandes. Je venais de me faire la réflexion qu'une paire de « Nike air » était devenue tout à fait vitale quand je tombai en arrêt devant une batte de base-ball absolument indispensable (puisque j'avais déjà acheté le gant). Mais trois pas plus loin, il m'apparut qu'une casquette à visière fluo avec radio et écouteurs intégrés était un article de première nécessité. D'ailleurs Xavier Richard en avait une.

– Alors ? m'interpella Martine-Marie, tu as vu les Walkmans ?

– Non, je t'attendais. Tu as combien ?

– 130.

Je fis la moue. À ce prix-là, ce serait audible, sans plus.

Nous sommes entrés dans le magasin.

– J'aime bien dépenser de l'argent quand c'est moi qui l'ai gagné, me confia Martine-Marie ; toi, tu vas t'arrêter de faire du baby-sitting quand tu auras ton magnétoscope ?

– Je... je ne sais pas, bredouillai-je.

Je n'allais tout de même pas lui avouer que j'aimais garder des mioches.

– J'essaierai peut-être de me payer une platine à laser, après, dis-je, très satisfait de ma trouvaille.

– Ça va t'en faire des heures à baby-sitter ! dit Martine-Marie.

– Eh oui ! soupirai-je, en prenant l'air accablé.

J'aurais bien aimé expliquer cela à quelqu'un, pourtant. Je m'étais fait une sorte de famille en baby-sittant. J'avais deux sœurs : Anne-Laure et Anne-Sophie, deux frères : Axel et Martin, et j'attendais le dernier Aziz. Madame Durieux ou le docteur Grumeau, ça comptait aussi. Chez eux, c'était chez moi. Mais surtout, il y avait Anthony. Depuis que je lui avais sauvé la vie, c'était vraiment mon petit frère.

– Tu vas trouver ça drôle, reprit Martine-Marie, mais j'aime bien faire du baby-sitting.

– Ah oui ? m'étonnai-je hypocritement.

– Ce que j'adore, c'est de m'occuper des bébés. L'autre jour, je promenais la petite Mélodie dans sa poussette-canne et j'ai croisé Sylvie Richard.

– La sœur de Xavier ?

– Oui... Je lui ai fait croire que Mélodie était ma petite sœur. C'est idiot, hein ?

– Bof... Tiens, regarde les Walkmans !

Mais il n'y avait pas moyen de faire taire Martine-Marie quand elle était lancée.

– Moi, j'aurai une famille nombreuse, plus tard.

– Moi aussi, dis-je imprudemment.

– Ah bon ? Tu veux combien d'enfants ?

– Heu… quatre.

– Ça, c'est extra… Moi aussi, j'en veux quatre !

J'ai regardé Martine-Marie. Eh bien, maintenant, je suis sûr d'une chose : les anges rougissent comme tout le monde.

On a acheté le Walkman, une cochonnerie made in Hong-Kong, et on est ressortis du magasin.

– Je voudrais te poser une question, Martine-Marie.

– Oui ?

– Est-ce que je suis VRAIMENT moche ?

– JE ne te TROUVE pas moche.

Décidément, tout allait bien.

Ce mardi-là, comme d'habitude, je me rendis chez madame Durieux. Je pensais à des choses bizarres. Je pensais à un médecin qui aurait épousé un ange et qui aurait quatre enfants, tous aussi chauves qu'Anthony. Bref, je pensais à moi et ça faisait comme un chemin devant moi avec un seul poteau indicateur : AVENIR.

Quand j'arrivai chez madame Durieux, je la

trouvai assise au salon. Elle n'avait pas l'air pressé de rejoindre son mari.

– On ne sort pas ce soir, me dit-elle.

– Anthony est malade ?

– Non, il va bien.

D'ailleurs, je l'entendais qui faisait des « dadada » et donnait des coups de pied dans les panneaux de son lit. Je m'assis lentement. Ça n'allait pas. Ça n'allait plus. Cette planète ne tourne jamais rond longtemps.

– On s'en va, me dit madame Durieux.

– Vous vous en allez ? répétai-je sans comprendre.

– Je ne voulais pas t'en parler avant d'en être sûre. Mon mari a été licencié et puis on ne se plaît pas ici.

– Vous vous en allez, dis-je encore, sans vouloir comprendre.

– Je sais que ça te fait de la peine à cause d'Anthony, ajouta doucement madame Durieux, et ça me fait de la peine aussi.

Elle sortit son mouchoir. Bon. On n'allait pas pleurer.

– Vous partez quand ? articulai-je, la gorge toute nouée.

– On déménage samedi.

– Vous allez où ?

Un grand sourire éclaira le visage désolé de madame Durieux.

– À Sarreguemines. Près de chez maman.

Il faut quand même que je vous explique : MADAME Durieux a dix-huit ans.

– Tu veux dire « au revoir » à Anthony ? me proposa-t-elle.

Je hochai la tête et je me levai. Elle voulut me suivre.

– Non, j'y vais tout seul.

J'allai jusqu'à la chambre d'Anthony. Il m'attendait avec impatience derrière la porte fermée. Si j'entrais, si je lui parlais, il me tendrait les bras et il m'appellerait à sa façon : « min, min, min ». Le courage me manqua. J'appuyai ma tête à la porte et je murmurai :

– Salut, Anthony !

*
*   *

Je rentrai chez moi à vélo, en faisant un long détour sous les étoiles. Cette planète, elle fait mal parfois.

« Ce que tu es con », me disais-je, tout en pédalant comme un fou, « ce que tu es con ! »

J'avais compris ce soir, et bien compris. Je m'étais inventé une famille pour rien. Je ne comptais pas pour madame Durieux, pour le docteur Grumeau. J'étais le baby-sitter et point final. Mais pour qui est-ce que je comptais au fond ?

– Déjà de retour ? s'étonna maman.

– Ouais, ouais, dis-je laconiquement.

– Ça tombe bien. J'ai une surprise pour toi.

Elle disparut dans sa chambre et revint en portant un gros paquet. Je savais ce que c'était, puisque j'avais presque gagné mes deux mille francs. La veille encore, j'aurais eu un sursaut de joie.

– Tu n'ouvres pas ? s'inquiéta maman.

– Si, si...

Je déballai le magnétoscope. C'était bien le même que celui de Richard.

– Ce n'est pas la bonne marque ? m'interrogea maman.

– Si, si...

– Il ne te plaît pas ?

Il y avait de la colère qui couvait dans sa voix.

– Si... Mais ce n'est pas ce que je voulais.

Ma mère explosa :

– Tu veux me rendre dingue ou quoi ! Tu crois que c'est une paille pour moi de trouver cinq mille cinq cents francs ? Qu'est-ce qu'il te fallait, une Mobylette, un caméscope, un…

– Un frère, dis-je.

C'est tombé comme une pierre. J'ai dit ça. Ce que je voulais, ça ne se trouve pas dans le « choix Darty ». J'ai regardé maman. Mon frère, je ne l'ai pas eu, je ne l'aurai pas.

– Un frère, murmura maman.

Ouais, un frère, un frère qui me serait arrivé à l'épaule ou qui m'aurait dépassé d'une tête, un frère à qui j'aurais dit : « Je suis amoureux de Martine-Marie », un frère qui se serait foutu de moi, ce soir, pour m'empêcher d'aller pleurer sous les étoiles. Parce que JE N'AIME PAS pleurer.

– Tu te sens seul ? a dit maman, c'est ça ?

J'ai fait signe de la tête :

– Dans le mille.

– Évidemment, a bredouillé maman, si… si j'étais restée avec ton père… au lieu de…

J'ai posé la main sur son épaule :

– Laisse tomber. C'est du passé.

Et puis j'ai rigolé :

– J'aurai une famille nombreuse pour me rattraper. Ne t'en fais pas. J'ai des projets !

*
* *

J'ai envoyé une carte postale à Sarreguemines :

Anthony, mon petit pote, prends ton courage à deux mains ! C'est vrai que c'est dur, la vie. Mais quand quelqu'un vous aime et que vous aimez quelqu'un, la vie, c'est bien.

Ton baby-sitter à la noix,
Émilien

Deuxième partie
J'ai besoin d'argent (comme d'habitude)

1

En temps ordinaire, ma mère est supportable. Mais quand elle se met à penser qu'elle est « responsable de moi », les ennuis commencent. Dans une de ces crises (qui surviennent généralement au retour des vacances), maman a décrété que je devais me coucher de bonne heure.

– Ah, tiens ? C'est nouveau, ça !

– Ce qui est nouveau, a répliqué ma mère, c'est que tu rentres en troisième et qu'à partir de maintenant, il te faut un dossier scolaire en béton. Pas dans le genre « élève brillant quand il n'est pas éteint ».

C'était tout ce qu'avait trouvé mon prof de maths, l'année précédente. Ma mère en avait conclu que ce qui devait être éteint, c'était le téléviseur.

– Et comment je vais faire pour mon argent de

poche si je ne peux plus faire de baby-sitting, le soir ? m'écriai-je.

– Je te donne de l'argent de poche ! hurla maman.

– Pas assez ! meuglai-je.

Nous avons besoin de beaucoup de décibels, maman et moi, pour échanger nos points de vue.

– Je n'ai pas l'intention de discuter avec toi.

C'est toujours ce que dit ma mère quand elle n'a aucun argument rationnel à m'opposer.

– O.K., dis-je tranquillement, je vais faire un casse. Comme ça, j'aurai mon argent de poche pour l'année en cours.

– Tu arrêtes de dire n'importe quoi ?

– Arrête de m'embêter, alors !

Ma mère a posé ses lunettes sur son bureau. Ses mains tremblaient d'énervement. Elle a dit d'une voix blanche :

– Bon. Cessez-le-feu. Viens m'aider à mettre la table !

Devant mon Royco minut'soupe à la tomate, j'ai repris les hostilités :

– Le week-end, je peux bien faire du baby-sitting ?

– Et ton travail ? Et ton volley ?

– Alors, c'est non ?

– C'est non.

Je me suis servi du poisson pané surgelé Findus et j'ai dit :

– Je m'en fous. Je ferai mon casse. Comme je suis très maladroit, on me piquera. Et penses-y : trois ans de taule, ça fera très mauvais effet dans mon dossier scolaire.

– Émilien, a dit ma mère entre ses dents, tu es usant... et je suis polie.

J'ai pris des pommes noisettes surgelées Vico et j'ai dit :

– Il y a longtemps que j'aurais fait une fugue s'il n'y avait pas ta bonne cuisine pour me retenir, ma petite maman.

Vlan ! C'est parti. Attendre quinze ans pour se recevoir une claque, ça surprend.

– C'est nouveau aussi, ça, dis-je, la voix brouillée.

– Tu saignes, a dit maman.

Elle avait l'air plus embêté que moi.

– C'est ton alliance, expliquai-je.

– Quoi, mon alliance ?

– Dans les dents. Ton alliance. Je l'ai eue dans les dents. Tu comprends ?

Maman a eu un sourire de travers :

– Un père te ferait marcher droit, toi.

– Les absents ont toujours tort, répondis-je en m'essuyant à ma serviette, ça ne veut pas dire que tu as raison...

– Tu... tu as mal ?

– Atrocement.

Maman a haussé les épaules :

– Tu veux de la glace ?

– « Gervais, j'en veux. » Deux boules vanille.

J'ai retrouvé ma copine Martine-Marie, le lendemain après-midi, au centre commercial de Montigny. C'est notre point de ralliement. On peut y discuter en gardant un œil sur l'inflation des prix.

– Dis donc, le VTT, tu as vu ? Cinquante balles de plus qu'en juin !

Martine-Marie me dévisageait depuis cinq minutes et je faisais semblant de ne pas m'en apercevoir.

– C'est quoi, « ça » ? me dit-elle enfin.

Elle venait d'effleurer ma joue délicatement bleuie.

– Je me suis acheté un boomerang. Mais je crois que j'ai mal lu le mode d'emploi.

Martine-Marie se mit à rire en soupirant. C'est une de ses spécialités : le rire-qui-soupire.

– J'ai un problème, dis-je, ma mother ne veut plus que je fasse de baby-sitting. Elle vient de découvrir que c'était mauvais pour mon travail scolaire. Je me couche tard and so on.

– Comment tu vas faire ? Tu as toujours besoin de fric ?

Je jetai un regard reconnaissant à Martine-Marie : enfin, quelqu'un qui me comprend !

– Ben, je vais piquer, dis-je, fataliste.

– Tu n'es pas drôle.

– Je n'ai jamais prétendu l'être. C'est les autres qui se marrent.

Nous avons marché en silence dans une allée piétonne. « En silence », c'est beaucoup dire, parce que les haut-parleurs du centre commercial hurlaient : « De toutes les matières, c'est la ouate qu'elle préfère... »

– Tu as déjà piqué ? me demanda Martine-Marie.

– Un paquet de chewing-gum quand j'avais quatre ans. Ma mère l'a rapporté.

– On ne peut jamais parler sérieusement avec toi ! éclata Martine-Marie. Moi, je connais des garçons qui piquent à Casino. Comme ça, pour la frime. Mais un jour, c'est eux qui se feront piquer. Tu vois un peu la tête des parents !

– Moi, je n'ai qu'un parent. Ça fait déjà une tête de moins.

– Ah, ce que tu es bête quand tu t'y mets !

Martine-Marie était vraiment furieuse. Elle m'étonne de temps en temps. Elle monte sur ses grands chevaux pour trois fois rien. Comme elle ne parlait plus, j'ai cru que nous allions nous quitter fâchés – ce qui nous arrive une fois sur deux.

– Et si tu donnais des cours de français ? dit soudain Martine-Marie, comme saisie par l'inspiration.

– Des cours de français ? Quand, où, comment, pourquoi ?

– Eh bien, voilà ! Tu n'auras qu'à commencer par les pronoms interrogatifs.

Le soir, devant mon steak surgelé Vivagel, j'entrepris une seconde vague d'hostilités :

– Martine-Marie m'a donné un bon truc pour gagner de l'argent...

– Émilien, on n'en reparle pas, m'interrompit maman.

– Mais c'est Martine-Marie !

– Pas de bobards, hein ? me prévint maman, je n'ai pas de temps à perdre.

– Ça, je m'en aperçois. On doit même manger le dessert avec la viande, maintenant.

– Qu'est-ce que tu racontes ?

J'ouvris mon steak en deux :

– Il y a de la glace au milieu.

Ma mère est la seule personne qui arrive à rater systématiquement la cuisson des surgelés. Ça fait trois ans que je mange carbonisé ou crissant.

– Qu'est-ce que c'est, le « truc » de Martine-Marie ? s'informa maman.

– Des cours de rattrapage à donner deux fois la semaine à une gamine du CM1. C'est l'après-midi. Payé soixante-quinze balles de l'heure. Ça me ferait cent cinquante par semaine. Donc, au mois...

– Ça va, je sais compter, me coupa maman.

– Sauf pour les surgelés. Quand c'est cinq minutes, c'est pas trois.

D'instinct, j'écartai ma chaise. Une claque, ça va. Mais deux... je pourrais être tenté de rendre. C'est là que je m'aperçus d'une drôle de chose : maman n'avait plus son alliance.

– Tu l'as perdue ? demandai-je.

– Non, je l'ai enlevée.

– Qu'est-ce que tu en as fait ?

– Cela te regarde ?

– Tu m'avais dit que tu la gardais pour que tes clients te fichent la paix...

Maman secoua la tête :

– Je te dis beaucoup trop de choses.

Je me levai en jetant brusquement ma serviette sur la table :

– Oh, bon, ça va ! Garde-les, tes petits secrets !

J'allais sortir.

– Émilien ! me rappela maman.

– Quoi ? aboyai-je.

– C'est « oui » pour les cours de rattrapage.

Je fis un signe de la tête.

– Et pour l'alliance, ajouta maman, je l'ai enlcvée parce qu'elle t'a blessé. Ça te va ?

*
* *

Peu de temps après ma rentrée scolaire, j'ai donc fait la connaissance de mon élève, Friquet Fricaire. Elle s'appelle en réalité Frédérique Fricaire.

Ce mercredi-là, Friquet m'attendait avec sa mère. Madame Fricaire a tout de la dame bien, deux rangs de perles et les fesses pincées.

– Je vais vous montrer ses cahiers de CM1, me dit-elle.

Elle redoublait et ce n'était pas brillant-brillant.

Madame Fricaire fit deux, trois petits pas secs sur ses talons hauts et prit un cahier dans une pile.

– Voilà. Regardez cette dictée, par exemple.

Je jetai un œil : « Un oraqe pen la dlène », annonçait prometteusement le titre. Madame Fricaire poursuivit de sa voix coupante :

– Friquet faisait entre trente et quarante fautes, au début du CM1. À la fin, elle était à moins dix, moins quinze sur vingt. C'est un progrès, si on peut dire.

Friquet attendait qu'on ait fini de parler d'elle. Un observateur peu attentif aurait pu se dire « pauvre gosse ! » Mais j'ai une grande connaissance du cœur humain. À la vue du futal râpé de Friquet, de ses mains pleines de colle et de peinture, et de sa mèche de cheveux tranquillement mâchouillée, j'en déduisis que j'avais comme élève un esprit rebelle, très porté de surcroît sur les maquettes de bagnoles. Pendant que sa mère parlait, Friquet dessinait des carrosseries sur une feuille de brouillon.

– Eh bien, je vous laisse prendre vous-même la dimension du problème, conclut madame Fricaire en reposant le cahier.

Elle s'éloigna, tip, tap, tip, tap, fesses pincées, talons pointus. Le problème en question, encore un peu plus affaissé sur sa chaise, était en train de rectifier un pare-chocs. Je commençais à me demander si mes bonnes notes en dissertation française justifiaient pleinement ma présence dans ce salon.

– Tu es douée pour le dessin, dis-je en manière d'introduction.

– J'aime pas la lèche, fut la réponse.

– Bien, nous allons faire une dictée, poursuivis-je, sans espoir.

Mais, à ma grande surprise (et pourtant, comme je l'ai dit, je connais le cœur humain), Friquet prit un stylo et attendit en le mâchouillant.

– « Mon bel écureuil », dictai-je, « mon… bel… écu… reuil ».

Un petit coup d'œil sur la feuille de Friquet. Elle avait écrit: «nom pelle étureil». Si elle se fichait du monde, elle le faisait très bien. Je repris ma dictée en faisant les cent pas, une main derrière le dos, comme j'ai toujours pensé que devait faire un instituteur. Au moins, c'est comme ça au cinéma.

– «Frout, l'écureuil»... heu... Frout s'écrit: FROUT. «Frout, virgule, l'écureuil, virgule, a une queue en panache, point».

Friquet avait écrit: «Prout, létureil, à un peu an banaqe.»

– Tu es née comme ça ou on t'a marché dessus? demandai-je sobrement.

– Chui dyslexique, fut la réponse.

– Mince! Et c'est contagieux?

– Ha, ha! fut la réponse.

Je m'assis en face de Friquet Fricaire.

– Alors, qu'est-ce qu'on fait?

– Ma rédac, proposa Friquet.

– Quel est le sujet?

– C'est complètement débile. Attends. C'est par là.

Elle chercha dans son cahier de brouillon puis me le tendit. Je lus:

« Un vieil objet au grenier prend la parole et vous raconte ses souvenirs. Imaginez la scène (Dix lignes minimum). » Je sentis que je commençais à me voûter comme Friquet Fricaire.

– Tu as une idée ? murmurai-je, la tête entre les poings.

– Oui.

– Quoi ?

– Un pot de chambre.

Fricaire devait rendre sa rédac dix jours plus tard. Je lui avais promis qu'on la rédigerait ensemble le mercredi suivant. Mais j'avais beau tourner et retourner le sujet dans ma tête, je ne trouvais rien. Un buffet ? Bof. Un coffre ? Banal. Un fauteuil ? Bateau.

– Il y a un grenier chez Amandine, me dit Martine-Marie. Si on le visitait, ça te donnerait peut-être une idée.

– Qui c'est ça, « Amandine » ?

– Mais si ! Je t'ai déjà dit que c'est ma cousine.

– Ah oui ! Celle qui pique les copains des autres filles ?

– C'est ça.

C'est donc à cause de la rédaction de Friquet que j'ai visité le grenier d'Amandine. J'espère que vous avez bien suivi mon récit jusqu'à maintenant, parce que c'est là que le drame se noue.

2

– Il a vidé le casier pendant que je répondais au téléphone, fulminait ma mère, je ne me suis pas méfiée. C'était le genre ancien play-boy, tempes argentées.

– Qu'est-ce qu'il t'a piqué ? demandai-je.

– Dix carrés de soie peints à la main. Ce qu'il y avait dans le casier, quoi ! Ça me met dans des rages, des choses pareilles !

– C'était sans doute un kleptomane ?

– Tu parles ! C'est tout un trafic. Ils savent comment écouler la marchandise. Ils en vivent, figure-toi.

Je hochai la tête et m'éclipsai dans ma chambre. Elle me fatigue un peu, ma petite maman, avec les histoires du magasin. Autrefois, elle travaillait pour une boîte de haute couture. Maintenant, elle est à son compte. Elle crée ses modèles avec l'aide d'une copine, Martha Haller, puis elle les commercialise dans une boutique du Quartier latin. C'est hyper cher, ultra snob, et ça nous fait tout juste vivre. Sauf que ma mère n'en dort plus et, quand je lui parle, elle ponctue mes monologues en faisant un bruit comme « an, an ». Ou c'est peut-être « on, on ». De toute façon, ça ne relance pas vraiment la conversation.

J'enfilai mon blouson, je sautai dans mes baskets. Ma mère tournait en rond dans son bureau.

– Heu... Bon... J'y vais, dis-je, en passant la tête dans l'entrebâillement de la porte.

– An, an.

– Je ne rentrerai peut-être pas de bonne heure, comme je vais chez la cousine de Martine-Marie et vu que c'est pas à côté.

– On, on.

Je levai les yeux au ciel et refermai la porte. Comme je descendais les premières marches de l'escalier, j'entendis ma mère qui courait derrière moi.

– Mais, dis donc, Émilien, ton travail ?

– Je t'ai dit, hier, que je m'étais avancé pour avoir mon dimanche de libre. Tu écoutes quand je te parle ?

– Où est-ce que tu vas ?

– Mais…

Je fis un geste de découragement. Puis je dévalai l'escalier, laissant derrière moi ma mère qui s'égosillait.

Martine-Marie m'attendait sur le quai du RER. Elle était en tailleur, souliers plats, une barrette dans les cheveux. Je lui jetai un regard glauque. Je ne l'avais encore jamais vue aussi ringarde.

– Tu aurais pu t'habiller, me dit-elle, en guise d'accueil.

– M'énerve pas. C'est pas le jour.

– La mère d'Amandine aime bien le genre beau-petit-jeune-homme-avec-une-raie-sur-le-côté.

– Je vais pas faire ma demande en mariage, hein ?

Martine-Marie eut son rire qui soupire :

– Qu'est-ce que tu as encore bouffé, toi ?

– Du lion surgelé.

J'ai très vite compris en apercevant Amandine pourquoi on lui avait fait une telle réputation. Ma connaissance du cœur humain (et dans le cas précis du cœur masculin) me conduisait à penser qu'Amandine ne piquait pas vraiment les copains des autres filles. Ils venaient tout seuls. Je ne me suis jamais senti aussi moche que lorsque Martine-Marie m'a présenté à sa cousine.

– Ah, c'est ton grand copain ? dit Amandine avec un sourire tout à fait… enfin, un sourire.

– À force d'entendre parler de vous sans vous voir, dit la mère d'Amandine, on finissait par se demander si vous existiez.

– Ça ne m'étonne pas, répliquai-je, il y a des jours où je me pose la même question.

La mère d'Amandine avait prévu un petit goûter avec des cookies de sa fabrication et du thé à la vanille. C'était vraiment trop, moi faisant la dînette avec ces dames : « Passez-moi le sucre, Émilien. » « Un seul gâteau, vraiment ? » Je ne savais plus où mettre mes coudes, mes genoux, mes pieds. Je me disais, tout en renversant le thé dans ma soucoupe : « Ça, c'est une mère. Ils ne sont pas surgelés, ses cookies. » On sentait une telle complicité entre sa fille et elle. Elles devaient tout se raconter.

– Au fait, ma tante, est-ce que ce serait possible de visiter le grenier ? questionna Martine-Marie.

Clinguelingue... Amandine venait de renverser sa tasse de thé.

– Non, non, ce n'est rien, maman. Laisse !

– Le grenier ? répondit la mère d'Amandine, mais... pourquoi pas ? Qu'est-ce que tu veux faire au grenier ? Tu sais, on n'y va jamais. Il y a peut-être bien des souris.

– Des rats, maman, rectifia Amandine, et je crois qu'on a perdu la clef.

– J'ai un double, dit sa mère.

Martine-Marie expliqua les raisons de sa demande. Sa tante se leva et alla chercher la clef. Je jetai un regard sur Amandine qui me semblait très agitée. De la tête, elle me fit « non ». Je haussai les sourcils sans comprendre.

– Voilà la clef ! Amandine va vous accompagner.

– On va d'abord débarrasser, maman.

Comme je cherchais où j'allais bien pouvoir déposer ma tasse et ma soucoupe, Amandine s'approcha de moi et me souffla à l'oreille :

– Pas Martine-Marie au grenier. Seulement toi.

Mince ! Elle n'y allait pas par quatre chemins. Je ne me savais pas à ce point irrésistible.

– Dis donc, Martine-Marie, improvisai-je sur-le-champ, tu risques d'abîmer ton tailleur au grenier.

– Émilien a raison, souligna la mère d'Amandine, le petit escabeau, la trappe... Ce n'est pas commode du tout.

Cinq minutes plus tard, nous étions au grenier, Amandine et moi. Seuls. J'avais pris une lampe de poche, car le jour n'entrait que par une petite lucarne. J'allais allumer quand je sentis la main d'Amandine qui pressait la mienne.

– Émilien, tu es capable de garder un secret ?

– Je suis censé répondre « oui » en mettant la main sur le cœur ?

– Tu peux allumer. Mais je te préviens. Tu vas être surpris.

J'allumai puis je promenai le rayon lumineux à travers le grenier. Comme dans tous les greniers du monde, on trouvait là tout un bazar de rebut, chaise à trois pieds, landau sans roues, vieille lessiveuse... Mais de temps à autre, surgissait de l'ombre un objet tout à fait neuf: petit magnéto, radio, Walkman, planche à roulettes, jeu de société, etc. À la troisième planche à roulettes, je me tins le raisonnement suivant: ou la famille d'Amandine a l'intention de monter un numéro de cirque, ou cet endroit sert d'entrepôt. Le troisième magnéto me confirma dans la seconde supposition.

– Qu'est-ce que ça veut dire ? demandai-je.

– Ça veut dire que si quelqu'un en dehors de toi voit ça, c'est la police qui viendra ici.

J'acquiesçai d'un signe de tête.

– C'est toi qui as piqué tout ça ? questionnai-je, en prenant un ton dégagé.

– On est plusieurs.

– Qu'est-ce que vous en faites ?

– On se le répartit. On le garde ou on l'écoule.

Malgré moi, je repensai aux carrés de soie de ma mère. J'étais assez interloqué. Ma connaissance du cœur humain se trouvait prise de court.

– Tu comprends, reprit Amandine, si Martine-Marie était montée, j'aurais eu droit à la leçon de morale. Sans compter qu'elle aurait peut-être tout raconté à ma chère mère.

La façon dont Amandine prononça « ma chère mère » me fit faire la grimace.

– Martine-Marie n'est pas un cafard, protestai-je.

– J'oubliais que c'était ta petite chérie, s'amusa Amandine.

– Ce n'est pas ma petite chérie, bougonnai-je, allez, on redescend. J'en ai assez vu.

Amandine me rattrapa par le bras :

– Qu'est-ce que tu vas dire ?

Je me dégageai d'une secousse :

– Je n'ai jamais cafté. Je ne vais pas commencer.

La mère d'Amandine était au salon avec sa nièce.

– Alors ? me lança Martine-Marie, tu as une idée ?

– Oui, répondis-je, j'ai pensé à un coffret avec des bijoux qu'on retrouverait dans un grenier et qui aurait été volé. Il raconterait le casse. Il regretterait ses propriétaires. Ça amusera sûrement Fricaire.

– Très bonne idée, dit la pauvre mère d'Amandine.

J'ajoutai en regardant Amandine :

– J'ai toujours pensé que, dans la fauche, il y avait deux points de vue, celui du faucheur et celui du fauché. Par exemple, ma mère s'est fait piquer dix carrés de soie à son magasin. Ça représente du boulot, de l'argent, de l'amour. C'est une artiste, ma mère. Chaque carré est peint à la main. C'est une œuvre unique. Et le mec a mis ses sales pattes là-dessus sans même y penser et il s'est tiré. Il doit encore en rigoler à l'heure qu'il est. Eh bien, ça me dégoûte, ça me révolte !

Il y eut un silence et la mère d'Amandine bredouilla :

– Oh, sûrement, sûrement...

Amandine proposa d'aller cueillir quelques roses au jardin. Il y avait des rosiers jaunes superbes. Je ne sais pas pourquoi, j'ai toujours préféré les roses jaunes. Amandine en coupa cinq au sécateur et me les tendit :

– Tu les donneras à ta mère de ma part.

Nous étions seuls à nouveau.

– Tu n'as jamais rien piqué, toi ? me demanda Amandine.

– Non, moi, je cause. Ceux qui piquent, c'est parce qu'ils ne peuvent pas s'exprimer autrement.

Ma connaissance du cœur humain eut l'air de faire grosse impression sur Amandine. Elle hocha la tête pensivement.

– Tu fais plus vieux que ton âge, me dit-elle, les mecs de quinze ans, c'est vraiment des gamins. Toi...

– Merci pour les roses, dis-je précipitamment.

Il y a des terrains sur lesquels j'aime mieux ne

pas m'aventurer. Cette fille-là me faisait un drôle d'effet.

Quand j'arrivai à la maison, maman était en conférence avec Martha Haller. Martha est l'associée de maman. Ma mère est l'artiste, Martha s'occupe davantage du tiroir-caisse. Je n'aime pas Martha Haller. Elle me le rend bien d'ailleurs. Un jour, je l'ai entendue dire :

– On n'a que des problèmes avec les hommes.

Et une autre fois :

– On n'a que des ennuis avec les enfants.

C'est sans doute pour cela qu'elle est célibataire et « mère » d'un lévrier afghan qui – je le suppose – ne lui donne que des satisfactions.

– Te voilà, toi, dit maman.

Je lui tendis les roses dont les pétales s'ouvraient déjà.

– Tiens, de la part d'Amandine.

– An, an.

Je crois que j'aurais pu lui dire : « De la part de l'impératrice Joséphine », je n'aurais pas eu droit à plus de réaction. Je restai bêtement planté au milieu de la pièce, mes roses à bout de bras.

– Tu n'as pas de travail ? s'enquit Martha.

– Vous pouvez tout aussi bien me dire de ficher le camp, lui répliquai-je, ça aura le mérite de la clarté.

Le visage de Martha s'empourpra. C'est une violente.

– Ton gamin est mal élevé, Sylvie.

Ma mère sursauta presque :

– Occupe-toi de l'éducation de ton lévrier, tu veux ?

Leurs regards s'affrontèrent. Elles étaient toutes les deux excédées par cette histoire de vol à l'étalage. Je jetai mes roses à terre.

– Ce que la vie est moche, dis-je.

J'ai vidé le congélateur et je me suis fait un dîner énorme. Calmars frits, cheeseburger, pizza aux fruits de mer. Quand Martha est partie, ma mère m'a rejoint à la cuisine. Elle a ouvert le frigo.

– C'est vide ?

– J'ai tout mangé. Les adolescents privés d'affection se vengent sur la nourriture.

Ma mère a passé la main sur son front :

– Émilien, je suis fatiguée.

– Moi aussi.

Maman a soupiré et s'est assise lourdement.

– Il n'y a que les adultes qui ont le droit d'être fatigués ? demandai-je, il n'y a que les adultes qui ont des problèmes ?

Maman m'a enfin regardé.

– Tu as des problèmes ?

– Non, non.

– Non non ou oui oui ?

– Oui non. Un genre de problème.

Je n'avais pas envie de lui parler. D'ailleurs, elle n'écoute jamais.

– Il s'appelle « Amandine », ton problème ? dit ma mère.

J'écarquillai les yeux.

– Co... comment tu sais ?

– Émilien rentre à la maison, le blouson boutonné de travers, commença ma mère comme si elle s'adressait à un auditoire, Émilien a des roses jaunes, ses roses préférées. Émilien a sa tête des grands jours. Il prononce théâtralement : « De la part d'Amandine. » Conclusion : Émilien a un problème qui s'appelle Amandine.

Maman me sourit :

– Je suis contente que ce problème ne te coupe pas l'appétit.

C'est vrai que ma mère ne sait pas faire les cookies mais, à part ça, elle est géniale.

– Je vais aller te chercher un couscous chez l'Arabe, dis-je en me levant, il est ouvert jusqu'à dix heures.

J'ai attrapé mon blouson et puis je suis revenu sur mes pas. J'ai dit :

– À tout de suite !

Absolument comme si j'avais peur que maman disparaisse pendant que je serais parti.

3

J'ai très vite grandi dans l'estime de Friquet Fricaire. Pendant les cours de français, je lui faisais ses exercices de grammaire pour la semaine, puis nous dissertions de choses sérieuses.

– Tu as trouvé ta « F 40 » au 1/18e ?

– Elle est à cent dix balles à Casino.

Un mercredi, Friquet m'a proposé de voir sa chambre. La première chose qu'on aperçoit en entrant, c'est une longue table couverte d'outils, de pots de peinture, de plaques de balsa et de voitures téléguidées désossées. Le lit de Fricaire est tout près du plafond, en haut d'une sorte d'échafaudage en tubes chromés.

– Qu'est-ce qu'en pense ta mère ? demandai-je, un peu perplexe.

– Ma mère s'occupe d'Alexandra, pas de moi.

Alexandra est la petite sœur de Friquet. Elle est blonde comme une poupée Barbie. Elle fait de la danse et du violon.

– Moi, c'est mon père, m'expliqua Friquet.

Monsieur Fricaire est à la tête d'une entreprise de déménagement. D'après ce que j'ai cru comprendre, c'est un ancien routier qui a gagné au loto. Fricaire a une grande admiration pour son père et pour le loto.

– Quand j'aurai gagné au loto, me dit-elle, j'irai plus à l'école.

– Tu as bien raison, répondis-je distraitement.

Je regardais sur une étagère une multitude de personnages en plomb, monstres, nains, sorciers et autres gnomes que Friquet avait peints minutieusement.

– Tu as vu ma collec'? se rengorgea Friquet, ça me prend des heures à peindre.

– Où est-ce que tu achètes ces bonshommes?

– Je les achète pas. Je les pique.

J'ai eu une brusque envie dans les mains de tout flanquer par terre.

– Tu en veux un? m'a proposé Friquet.

– Non, si... Le noir avec une tête de mort.

– C'est un gobelin.

– Tant mieux pour lui.

Nous sommes retournés au salon.

– Tu n'as jamais été surprise en train de voler ? m'informai-je.

– Non. Mais je fais gaffe. J'achète et en même temps je pique.

– C'est-à-dire que tu en as acheté trois cent cinquante et tu en as piqué deux ?

– Trois.

Je rassemblai mes affaires. L'heure était largement dépassée. Je saluai madame Fricaire et empochai mes soixante-quinze balles si durement gagnées.

J'avais le temps, ce jour-là, de faire un saut jusqu'au magasin de ma mère. En RER, je ne mets pas plus de trois quarts d'heure.

Sur le quai de la gare, j'eus la surprise d'apercevoir Amandine en conversation avec un type. Je me reculai derrière un pilier. Le garçon avait dans les dix-huit, vingt ans, une cicatrice tout juste refermée le long de la joue, les cheveux si ras qu'on voyait le crâne ; bref, l'allure engageante d'un supporter de Liverpool. Ils n'échangèrent que quelques phrases et se séparèrent sans même se regarder. Je quittai alors mon observatoire pour marcher à la rencontre d'Amandine. Je passai juste devant elle, en affectant de ne pas la voir.

– Tiens, Émilien !

Amandine se rendait elle aussi à Paris. Nous fîmes route ensemble. Je ne pus me retenir de lui parler du type sur le quai.

– Tu m'espionnais ? Eh bien, tu vas en être pour tes frais. C'est mon frère.

– Drôle de touche.

– Ce n'est pas de sa faute. Il fait son service.

Et zut ! Ma connaissance du cœur humain était encore prise en défaut. J'avais cru identifier le redoutable chef de la bande des Requins Vicieux et j'étais tombé sur un pioupiou en permission. Amandine me demanda si ma mère avait porté plainte pour ses carrés de soie puis elle ajouta :

– J'aimerais bien voir ce qu'elle fait.

C'est ainsi que nous débarquâmes tous les deux dans le magasin de maman. Je fus déçu de n'y trouver que Martha Haller. Elle me tourna ostensiblement le dos pour s'occuper de deux clientes.

– Qu'est-ce que c'est joli ! s'extasia Amandine, cette robe-là ! Oh ! et là... J'adore les châles. Tiens, et ça...

Je la laissai fouiner dans les chiffons et regardai les passants dans la rue en l'attendant.

– Ce n'est pas donné, constata Amandine en me rejoignant.

Nous repartîmes à pied. Soudain, Amandine glissa son bras sous le mien.

– On s'entend bien finalement ? me dit-elle, c'est dommage que tu sois tellement copain avec Martine-Marie...

J'envoyai mentalement Martine-Marie à tous les diables. Elle est gentille mais, comment dire ? elle est trop gentille. Ça finit par vous taper sur le système.

– On va sur les quais ? me proposa Amandine.

Je ne vis pas la nuit descendre.

Je crus que j'allais trouver ma mère sur le palier, entourée d'une escouade de pompiers et d'agents de police. Mais pas du tout. Elle était au téléphone.

– Mais enfin, Martha, ce n'est pas possible. C'était dans la vitrine. Quoi ? Tu avais laissé la clef sur le comptoir ? Tu es folle... Oui, oui, tu étais occupée. Mais rends-toi compte : je ne retrouverai jamais ces motifs. J'adorais ces deux pendentifs. Ça m'aurait fait mal de les vendre. Mais voler ! Tu as des soupçons ? C'était vers dix-sept heures ? Les deux clientes et… oui… Ça ne change rien, de toute manière !

Maman reposa le combiné d'un geste brutal.

– Oh, j'en ai marre, j'en ai marre de ce métier ! Il faudrait fouiller la clientèle à la sortie. Ce n'est plus possible. Je vais tout laisser tomber.

J'allai prudemment à la cuisine me préparer un sandwich aux rillettes. Pris de compassion, j'en fis un pour maman.

– Tiens, il y a des cornichons.

Maman me regarda avec ces yeux d'aveugle qu'elle a parfois.

– Je laisse tomber, répéta-t-elle, je ferai dactylo, caissière, ce qui se présentera !

– Mais non, mais non.

– Si, si.

Elle enfouit son visage dans ses mains. C'est à ce moment-là que j'ai remarqué que maman inventait des bijoux et qu'elle n'en portait aucun. On se fait des réflexions idiotes parfois.

– De toute façon, reprit maman en reniflant, tu en as marre aussi de ce magasin. Je sais bien ce que tu penses. Je ne suis pas assez souvent à la maison, je ne te fais pas à manger, je n'écoute rien…

– Si un type pense des choses aussi stupides, il ne mérite pas qu'on s'intéresse à lui, répliquai-je d'un ton catégorique, tiens, mange.

Maman mordit à pleines dents dans le sandwich. La tristesse nous a toujours donné faim.

– Martha dit…

Maman se racla la gorge :

– Martha dit que ça s'est produit après dix-sept heures. Elle a ouvert la vitrine pour deux clientes qui n'ont rien acheté.

– Et elle a laissé la clef sur le comptoir ?

– Oui. Après, il y a un homme qui est venu et qui a pris un châle. Puis un couple qui n'a rien acheté. Martha a fermé à dix-huit heures.

L'associée de maman n'avait même pas signalé ma visite tellement je n'existais pas à ses yeux.

– C'est une de ces personnes qui a fait le coup, marmonnai-je pensivement.

Nous nous étions donné rendez-vous, Amandine et moi, sur le quai du RER, le samedi suivant. J'avais prétexté un entraînement de volley pour me décommander auprès de Martine-Marie. Je m'aperçus en arrivant à la gare que j'avais une demi-heure d'avance. Pour tuer le temps, je descendis m'acheter du chewing-gum au distributeur automatique.

J'eus le réflexe, à la dernière marche, de filer derrière mon pilier d'observation. Car Amandine était déjà là, en conversation avec son frère. Ils ne semblaient pas au mieux et j'avais même l'impression qu'Amandine avait pleuré. Soudain, elle tendit quelque chose au permissionnaire. Un paquet enveloppé de papier kraft. Mais le frère repoussa sa main d'un geste agacé. Puis il s'éloigna en traînant ses « rangers ». Je décidai de remonter. Amandine ne devait pas supposer que je l'espionnais systématiquement. Puis il fallait lui laisser le temps de se remettre de ses émotions. Enfin, le commencement du début d'une idée essayait de se frayer un chemin jusqu'à ma matière grise en déconfiture.

– Et alors, Émilien, tu rêves ? On avait dit « en bas des marches » ?

Amandine me souriait. Aucune trace de larmes.

– Tu veux vraiment qu'on aille à Paris, reprit-elle, j'ai une autre idée. Si on allait faire un tennis ?

Nous passâmes donc chez moi prendre ma raquette et celle de ma mère. En dix minutes, nous étions sur les courts. L'un d'eux était libre. Je m'avançai vers la porte grillagée. Amandine s'appuyait sur moi exagérément. Ça m'embêtait un peu parce que des copains pouvaient nous voir. Mais ce fut pire.

– C'est fou ce que le volley peut ressembler au tennis, dit une voix haletante de colère dans mon dos.

Amandine joua la surprise :

– Tiens, ma chère cousine !

J'aurais voulu m'expliquer. Mais je restais comme un sot à regarder alternativement Amandine qui riait et Martine-Marie qui se mordait les lèvres.

– Tu n'étais pas obligé de me mentir, murmura enfin Martine-Marie, tu peux faire ce que tu veux, aller avec... qui tu veux. Ça ne me concerne plus.

– Oh, on ne va pas faire des histoires pour une partie de tennis, ironisa Amandine, on croirait la fin du monde.

– En tout cas, c'est sûrement la fin de quelque chose, dit Martine-Marie tout bas.

Martine-Marie est partie et j'ai quand même joué au tennis. J'ai même très bien joué car je cognais les balles de toutes mes forces. À nouveau, une petite idée s'était mise en chemin, une petite idée qui ressemblait à : « Émilien, tu es le roi des... »

– On prend un verre ? me proposa Amandine.

– Non, merci, je rentre.

– Je suis désolée pour tout à l'heure.

Une bonne envie de l'envoyer valser dans le grillage me passa dans les mains. Mais je souris :

– Tu sais, c'est un vrai pot de colle, Martine-Marie. Je crois que cette fois, j'en suis débarrassé.

Ma connaissance du cœur humain me laisse à penser qu'Amandine n'attendait pas exactement ce genre de réponse.

J'avais besoin de parler à quelqu'un. Mais à qui se confier ?

– C'est qui qui a eu l'idée d'aller au magasin de ta mère ? me demanda Friquet quand je lui eus vaguement raconté mon histoire.

– C'est Amandine.

– C'est qui qui a proposé d'aller faire du tennis ?

– C'est Amandine.

– C'est qui qui...

– Cékiki, cékiki ! répétai-je, il faudra quand même que tu te décides à apprendre le français.

– Et c'est quoi comme langue que tu crois que je parle ? s'indigna Fricaire.

Je renonçai d'un haussement d'épaules. Mais Friquet avait raison. C'est qui qui ? C'était Amandine.

– Tu devrais la dénoncer à la police, chuchota furieusement Friquet, elle est dégoûtante, cette fille.

– Je n'ai pas de preuves, ma vieille.

– Et le paquet alors ? Tu crois pas que c'étaient les pendentifs ?

J'acquiesçai.

– Il faut que tu te venges, me dit Fricaire.

Je regardai ma petite copine avec admiration.

– Tu as tout pigé, mec.

– Comment tu vas faire ?

– Wait and see. C'est de l'anglais, poulette.

La vengeance étant un plat qui se mange froid, grâce à ma mère, je ne manquais pas d'entraînement.

En revenant à la maison, j'eus la surprise peu agréable d'y trouver Martha Haller installée au salon. En plus, elle fume d'horribles petits cigares noirs. Je ne sais pas comment son lévrier peut la supporter. Je me dirigeai tout droit vers ma chambre pour m'y enfermer.

– Émilien, me rappela Martha, ça fait quelques jours que je souhaite te parler.

Je m'arrêtai au milieu du salon.

– La fille qui était avec toi au magasin, mercredi dernier, tu la connais… bien ?

– C'est la cousine de Martine-Marie, répondis-je, car le nom de la filleule de maman vaut en soi un certificat de bonnes mœurs.

Martha ne parut pas autrement impressionnée.

– Je t'ai demandé si tu la connaissais bien ?

Mentir ? Craquer ? Ce qui était certain, c'est qu'elle avait tu volontairement mon passage au magasin.

– Je te laisse une semaine pour « retrouver » les pendentifs, conclut Martha devant mon silence ; passé ce délai, je parle à ta mère.

– Et qu'est-ce que tu peux lui dire ? explosai-je.

– Que ta petite amie est une voleuse et que tu es un menteur. Ou un voleur toi-même.

Martha s'était levée, pointant vers moi son affreux cigarillo. J'étais tout près d'elle et je m'aperçus d'une chose qui me déconcerta : j'étais plus grand qu'elle. Martha est de la même taille que maman. Elles échangent parfois leurs vêtements. « Je suis plus grand que maman, maintenant », ai-je pensé. Plus rien n'a eu d'importance tout à coup. Et je n'ai plus eu peur de Martha Haller.

– Parle à ma mère ou à ton clebs, répliquai-je. Mes affaires, je les règle moi-même. En homme.

Martha s'esclaffa. Qu'elle rie si elle veut ! Elle est petite et elle est moche. Je claquai la porte de ma chambre et me retrouvai seul avec moi, les yeux brûlants de larmes refoulées. Je me regardai dans la glace. Un homme. Où ça ?

Je m'allongeai sur mon lit. Reprenons. Mercredi dernier, Amandine prend la clef sur le comptoir, ouvre la vitrine et pique les pendentifs. Possible ? Oui. Le samedi suivant, Amandine retrouve son « frère » à l'endroit habituel. Elle lui propose les pendentifs. Il n'en veut pas. Il sait sans doute qu'il ne pourra pas écouler facilement des objets aussi repérables ou il n'aime pas ce genre de babioles. Vraisemblable ? Oui.

Qu'est-ce qu'Amandine a pu faire des pendentifs ? Elle les garde dans sa chambre ? Dangereux. Elle les revend ? Risqué.

– Reste le grenier, murmurai-je, les yeux au plafond.

Je revoyais nettement le grenier d'Amandine : le berceau d'osier, le fauteuil éventré, un fusil de chasse, une chaise haute d'enfant, un landau sans roue, une petite lessiveuse… Çà et là, au milieu de ce rebut familial, surgissait un objet flambant neuf. Si les pendentifs étaient quelque part, c'était là. Et si quelqu'un pouvait les y trouver, c'était moi.

4

Je n'avais pas osé demander mon argent de poche, ce mois-là. Les affaires de maman ne marchaient pas. Elle n'en parlait pas mais elle passait souvent la main sur son front.

Un matin, j'ai vu un relevé de compte bancaire qui traînait sur la table du salon. J'ai hésité. Je me suis demandé : est-ce que je ne veux pas savoir par discrétion ou par lâcheté ? C'est facile de s'en tenir à sa petite vie bien protégée de lycéen mineur. Alors, j'ai jeté un coup d'œil. Ça donnait ça :

	Débit	Crédit
Solde précédent		203,20
Chèque n° 298847	5740,20	
Solde en notre faveur	5537,00	

Je suis resté un moment sans comprendre. Qu'est-ce que c'était que ce « solde en notre faveur » ?

Puis j'ai pigé que c'était la banque qui avertissait courtoisement ma mère de ce qu'elle devait 5537 F. Les choses allaient encore plus mal que ce que j'avais supposé.

– Pourquoi ta mère joue pas au loto ? s'étonna Fricaire.

– Tu y joues, toi ?

– Deux fois par mois.

– Et tu as déjà gagné ?

– J'ai été remboursée une fois.

– Donc, au total, tu as perdu ?

Friquet secoua la tête de pitié :

– Mon pauvre vieux ! Il faut perdre plein de fois avant de gagner.

Je décidai donc d'utiliser tout l'argent que je gagnais à perdre au loto. C'était un genre de placement, à en croire Fricaire.

– Et ta vengeance, alors ? me rappela Friquet.

Je devais faire vite. L'ultimatum de Martha expirait trois jours plus tard.

– Ton père, c'est quelqu'un de sympa ? demandai-je.

– Il est SUPER ! me répondit Friquet en appuyant avec délectation sur le qualificatif.

– Crois-tu qu'il m'aiderait ?

Ma proposition fit bondir de joie Friquet Fricaire.

Le soir même, en sortant du lycée, je me rendis aux Établissements Fricaire. Friquet avait préparé le terrain. Son père m'attendait. Monsieur Fricaire faisait un contraste étonnant avec sa femme : les épaules et le dos ronds, le ventre confortable, la bouille épanouie.

– Alors, monsieur Émilien ? m'accueillit-il presque respectueusement.

Pour lui, j'étais un intellectuel, un mec qui travaillait du chapeau, quoi. En quelques mots, je lui racontai mon histoire et lui exposai mon projet de vengeance.

À tout ce que je disais, il hochait la tête en faisant « oui, oui ». Je m'aperçus en terminant qu'il n'avait rien compris.

– Ça y est, me dit-il au bout d'une demi-heure d'explications supplémentaires, je suis au parfum, monsieur Émilien. C'est fort, votre truc.

Il paraissait très enthousiaste mais il ajouta, en secouant la tête :

– C'est très fort. Je crois pas que ça va marcher.

Un peu dérouté par cette façon de raisonner, je balbutiai :

– On essaye quand même ?

– Ça roule, monsieur Émilien. Le téléphone est par ici. Comment elle s'appelle, votre dame ?

– La mère d'Amandine ? Angèle Carrère. J'ai son numéro. Laissez-moi faire.

Un peu tremblant, je composai le numéro. Je tombai sur la mère d'Amandine.

– Madame Carrère ? dis-je en prenant le jovial accent du midi.

– Elle-même.

– Ici, les Chiffonniers d'Emmaüs. Vous avez entendu parler de l'abbé Pierre ?

– Euh oui... C'est un brave homme mais on est tellement sollicités que...

– Oh, je sais bien, je sais bien ! Mais nous, on prend ce que les autres ne veulent pas. Vous auriez pas des fois des vieilles choses dans un grenier qui pourraient encore servir ?

– Peut-être, oui... Il faudrait voir...

La voix hésitait.

– Une vieille lessiveuse ? Un berceau ? Un lit d'enfant ? énumérai-je.

– Justement, oui. On doit avoir tout ça.

– Merveilleux. Il y a tellement de misère, madame Carrère. Si vous saviez ! Ce matin même, une famille de dix enfants, le père au chômage, la mère est aveu…

– Oui, oui, sûrement, interrompit précipitamment madame Carrère, mais on ne met plus les pieds dans ce grenier. Et puis, ce serait tout un déménagement.

Je regardai monsieur Fricaire et je répliquai :

– Le déménagement, on s'en charge !

Je raccrochai victorieusement. Monsieur Fricaire me regardait, les yeux ronds :

– Alors, vous, vous êtes très fort, dit-il, admiratif.

Et il ajouta :

– Mais je crois pas que ça va marcher.

Le lendemain après-midi, une camionnette stationnait devant la maison d'Amandine. Sur la carrosserie, on pouvait lire en lettres hâtivement peintes : « Les Chiffonniers de l'abbé Pierre ». Monsieur Fricaire s'extirpa de la place du chauffeur et sauta lourdement sur le trottoir.

– Alors, c'est là ? me dit-il.

Je sentis que je devais forcer un peu la manœuvre. Monsieur Fricaire est un timide.

– Je sonne ! lui lançai-je, en m'éloignant.

La mère d'Amandine parut contente de me voir :

– ... mais Amandine n'est pas là, me prévint-elle.

– Je ne viens pas pour la voir. Je donne un coup de main aux Chiffonniers d'Emmaüs quand j'ai le temps.

– Ah, c'est bien, ça. C'est une bonne œuvre.

Elle aperçut monsieur Fricaire qui la saluait frénétiquement de la tête depuis une minute.

– Bonjour, monsieur. C'est vous qui avez téléphoné ?

– Non, non, protesta monsieur Fricaire, c'est...

Il fit un signe vers moi.

– C'est le responsable local, dis-je vivement, mais il est débordé. Il n'a pas pu venir.

Madame Carrère nous conduisit au bas de la trappe.

– Tu connais le chemin, me dit-elle en me tendant la clef, vous m'excuserez, je suis en pleine cuisine. Je prépare mes terrines de foie gras pour Noël.

La maman d'Amandine rougit en regardant monsieur Fricaire. Elle balbutia :

– Ah, là, là, il y en a de la misère dans ce bas monde...

Et elle s'éloigna, vaguement confuse.

Cinq secondes plus tard, nous étions au grenier. Monsieur Fricaire alluma sa puissante lampe-torche.

– Vous aviez raison, monsieur Émilien, murmura-t-il, c'est la caverne d'Ali-Baba ici.

– Il y en a moins que l'autre jour, constatai-je, mais ça ne fait rien. On va tout embarquer.

– Au boulot ! s'écria monsieur Fricaire, content de se retrouver en pays connu.

Il nous fallut une petite heure pour faire disparaître les objets volés. La lessiveuse, le berceau, le lit d'enfant et le landau accueillirent magnéto, Walkman, planche à roulettes, disques compacts, radio-cassette, talkie-walkie... Monsieur Fricaire enveloppait le tout de papier journal et ficelait. Tout en emballant, je fouillais partout. Je voulais retrouver les pendentifs. Ils étaient là. Mais où ? Le découragement commençait à me gagner. Ma vengeance serait incomplète si je ne récupérais pas les bijoux volés à ma mère.

Soudain, j'aperçus à terre, près de la lucarne, une sorte de coffret. Mon cœur s'accéléra. Ce coffret, je l'avais inconsciemment remarqué lors de mon permier passage dans ce grenier. Il m'avait même fourni l'idée pour la rédaction de Friquet. Je m'agenouillai.

– Monsieur Fricaire ! Ho ! Monsieur Fricaire !

Mon complice s'approcha, l'air inquiet.

– Quoi ?

Je brandis un petit paquet de papier kraft.

– Si c'est ça, monsieur Émilien, vous êtes très fort...

J'arrachai le papier.

– Je SUIS très fort, dis-je en toute simplicité.

Ma vengeance était complète. J'empochai les pendentifs.

Une heure plus tard, nous avions tout descendu dans le jardin. Comme nous venions d'embarquer nos différents paquets sous l'œil bienveillant de madame Carrère, le crissement d'un vélo qui freine nous fit tourner la tête. C'était Amandine.

– Qu'est-ce qui se passe ? dit-elle.

– Tu ne vois pas Émilien ? s'étonna sa mère.

– Si. Salut.

– Salut, répondis-je. Tu vois, je donne un coup de main aux Chiffonniers d'Emmaüs. On a nettoyé le grenier de ta mère.

Amandine, pourtant habituée à jouer la comédie, ne put retenir un mouvement de panique.

– Le grenier ! s'écria-t-elle.

Un coup d'œil à l'intérieur du camion la renseigna. Elle se tourna vers sa mère :

– Maman, tu ne vas pas donner tout ça !

– Ce n'est rien du tout, ma chérie, des vieilleries.

– Mais pour des gens qui n'ont rien, dis-je sentencieux, le vieux c'est aussi bien que du neuf.

Et agitant ma main dans ma poche, je fis tinter les pendentifs.

– Salut, Amandine ! Je t'offre la revanche... au tennis.

– Roulez, jeunesse ! lança monsieur Fricaire en remontant dans son camion.

Nous roulâmes quelques secondes en silence puis, au premier tournant, monsieur Fricaire éclata de rire.

Je me joignis à lui. Nous étions bien soulagés d'en avoir fini.

– Qu'est-ce qu'on va faire de tout ça ? dis-je, en désignant notre chargement d'un signe de tête. Je ne sais pas où cela a été volé et je n'ai aucune envie de mêler la police à mes affaires. J'ai dit à Amandine que je ne cafterai pas. Je tiendrai parole.

– J'aurais peut-être une idée, monsieur Émilien, commença timidement Fricaire. Je… j'ai eu de la chance dans la vie et tout le monde peut pas en dire autant. Alors, comme ça, des fois, par-ci, par-là, je veux dire…

Il toussota.

– Je donne des bricoles pour des foyers de gosses… Justement, pour Noël… enfin, vous voyez…

Monsieur Fricaire était gêné de devoir faire étalage de ses bonnes actions.

– Bref, dis-je pour venir à son secours, personne ne s'étonnerait si vous faisiez encore plus de cadeaux, cette année ?

– Voilà, c'est ça, soupira monsieur Fricaire.

Nous étions presque arrivés. J'étais en train d'imaginer la tête des gamins d'un foyer recevant un Walkman ou une planche à roulettes. Je souriais bêtement.

– À quoi vous pensez, monsieur Émilien ?

– À Robin des Bois.

5

Il me restait deux jours pour restituer les pendentifs.

– Allô, maman, le prof de maths est malade, ce matin. Je passerais bien au magasin.

– O.K., nous irons au Chinois.

Avant de prendre mon train, je me procurai un bloc de papier à lettres d'un goût assez féminin. Puis, contrefaisant mon écriture, je couchai sur une feuille le message suivant :

Ces bijoux m'ont tentée, lors d'un passage à votre magasin. Je les ai pris sur un coup de tête et vous m'en voyez bien confuse. Veuillez considérer mon acte avec indulgence.

J'avais ganté mes mains en vrai pro. J'essuyai les deux pendentifs avant de les glisser dans un petit sac en plastique en compagnie de ma missive. Le bloc de papier finit dans une poubelle du quartier. Le crime parfait.

En arrivant au magasin, je trouvai ma mère aux prises avec une jeune cliente indécise. Je lui fis un signe de la main dans le style « ne te soucie pas de moi ». Je m'assis sur un tabouret en sifflotant. Puis, imperceptiblement, je déplaçai le tabouret vers le tiroir sous le comptoir.

– Le noir va à tout le monde, disait maman, non, ça ne durcit pas les traits…

Hop, en un mouvement, le tiroir est ouvert. Et hop, la clef dans mon poing. Hop, je repousse le tiroir.

– Du fluo ? Ah non, je ne fais pas, disait maman, c'était à la mode cet été. Mais pour l'hiver, le noir…

Je me levai. Je fis semblant de m'intéresser aux nœuds pap' et m'avançai jusqu'à la vitrine.

– Bien sûr, c'est très gai, le jaune fluo, disait maman d'un ton de voix où perçait l'impatience, mais la mode de cet hiver…

Elle n'allait pas tarder à expédier sa cliente. Hop, la clef dans la serrure. Je tourne. Clic ! Mince, quel bruit ! Non, maman n'a rien entendu. Sa cliente au jaune fluo est en train de la rendre hystérique. J'ouvre lentement la vitrine. Ma main gauche qui est restée gantée sort un paquet de ma poche.

– Oui, eh bien, c'est ça, vous réfléchirez, dit brusquement ma mère.

Aïe, aïe, ça se précipite. Je lâche le paquet un peu au hasard sur une étagère. Je referme. Clic. J'ai la clef dans ma poche gauche, à présent.

La sonnerie de la porte tinta.

– Mais je vous en prie, mademoiselle, vous ne m'avez pas dérangée.

Maman revint vers moi. Je m'étais écarté de la vitrine.

– Ouh ! Le genre qui vous fait perdre une heure pour ne jamais rien acheter ! s'écria ma mère.

Je souris. La petite clef était dans mon poing gauche.

– Je passe mon manteau, dit maman, j'arrive...

– Prends ton temps.

Hop, un bond jusqu'au tiroir. Hop, j'ouvre, hop, je referme. Voilà maman.

– Tu cherches quelque chose ?

– Mon gant. Il est tombé sous le comptoir.

Je me baissai et enfilai mon gant droit.

– C'est très bien que tu sois venu, dit maman, j'avais à te parler justement.

Maman ferma son magasin. J'avais encore les jambes qui flageolaient mais je ne pouvais m'empêcher de penser que c'était vraiment facile de piquer. J'aurais pu rafler tout ce qui se trouvait dans la vitrine et décamper. Il n'y a vraiment que les imbéciles qui se font prendre sur le fait.

Au restaurant, après quelques gorgées de potage piquant pékinois, maman se lança :

– Les finances ne vont pas fort, en ce moment, Émilien.

– Ce n'est pas grave si le père Noël est fauché, cette année, essayai-je de plaisanter.

– Je vends le magasin, me répliqua maman.

Je restai ahuri, les baguettes à mi-chemin entre ma bouche et mon assiette.

– C'est sérieux ?

– Martha a trouvé un acheteur. Je crois que c'est la seule solution.

Nous mangeâmes en silence un moment. Avais-je assez pesté contre ce magasin ! Et pourtant, maintenant que ma mère y renonçait...

– A quoi penses-tu, Émilien ?

– Au loto.

Maman m'expliqua qu'elle allait chercher du

travail, que dans l'immédiat la vente du magasin renflouerait ses finances, que je ne devais pas m'inquiéter. Elle passa la main sur son front tout en parlant. C'était devenu un tic. Je faisais « ouais, ouais ». On étouffait dans ce restaurant.

– Je t'ennuie avec mes histoires, remarqua soudain maman.

– Ouais.

Même la stupéfaction de ma mère, en revenant au magasin, ne m'amusa pas. Elle fit toutes sortes de suppositions sur le retour des pendentifs dans la vitrine.

– Pour moi, c'est la cliente au jaune fluo. Elle ne venait pas pour acheter.

– Ouais, dis-je seulement.

Noël approchait, un Noël de flaques dans les terrains vagues, un Noël de boue sur les trottoirs. Noël quand même. Les guirlandes d'étoiles clignotaient dans les rues piétonnes du centre commercial. Les petites filles se faisaient photographier avec le père Noël de Casino. J'étais entré à l'hypermarché. J'aurais bien aimé avoir un casque, cette année, pour mettre fort ma musique. Ma mère m'avait dit : « On verra à Noël.» Les choses avaient changé depuis.

Je parcourais les allées de Casino, avec quinze balles en poche, seules rescapées de mes investissements dans le loto. J'avais quitté le rayon «Hi-Fi Vidéo» et j'avançais au hasard, me laissant bousculer par les clients pressés. Je me retrouvai au milieu des jouets. Je tripotai un moment les voitures téléguidées, je jetai un œil aux jeux vidéo. Un peu plus loin, c'était le stand des poupées Barbie. Cela me fit penser à la sœur de Friquet. Puis, par association d'idées, je pensai à monsieur Fricaire, à Amandine, à Martine-Marie. Ma mère s'était étonnée de ne plus recevoir de coups de fil de sa filleule. À chaque fin de semaine, je me disais : «Elle va bien appeler.» Elle n'appelait pas.

Mes pas m'avaient conduit au rayon de la parfumerie. Je regardai autour de moi, tout en pensant à l'éléphant dans un magasin de porcelaine. Une colombe de cristal s'était posée sur le bouchon d'un des flacons. Le parfum s'appelait : «Aube». C'était jôli, un peu ringard. «Ça plairait à Martine-Marie», pensai-je.

– Vous voulez essayer, monsieur ? me demanda une vendeuse si peu maquillée qu'un nuage de poudre de riz la voilait au regard du commun des mortels.

Elle me mit une touche de parfum au creux du poignet. Je respirai.

– C'est un peu... un peu sucré, dis-je, me souvenant des réflexions de ma mère.

– Qu'est-ce que vous cherchez ? s'enquit la céleste vendeuse.

– Quelque chose de plus fort, de plus... hmm... capiteux.

« Et de moins cher », ajoutai-je mentalement. La colombe était cotée à 275 F. Je m'éloignai.

Si je faisais un petit cadeau à Martine-Marie pour Noël, quoi de plus naturel ? Oui, mais avec quinze francs, je ne pourrais même pas lui acheter une poupée Barbie. J'en étais là de mes réflexions quand je tombai en arrêt devant un flacon de parfum sublime, d'une teinte ambrée. Il s'appelait « Ciel d'orage ». Deux cent soixante francs le plus petit modèle. Un tout petit flacon. Il tiendrait presque dans ma main fermée. Je le pris. Je le reposai. J'en pris un autre. La céleste vendeuse me tournait le dos. Il y avait du monde, beaucoup de monde. Comme un rempart. Mon cœur battait fort. J'avais presque envie de vomir. Émilien, tu ne vas pas faire ça. J'avais repris le petit flacon. Il tenait dans mon poing. Pourquoi ne pas le faire ? Tout le monde le fait... Je ne commandais plus à mes gestes. Je mis mes deux poings au fond de mes poches et je m'en allai. Émilien, tu l'as fait. Et alors ? C'était facile, non ?

Du bout des doigts, au fond de ma poche, je suivais les contours du flacon. Avec quinze balles, je pourrai acheter le papier-cadeau. Bon Noël, Martine-Marie. Ben oui, c'est pour toi. « Ciel d'orage ». Tu vois, après la pluie, le beau temps. Je sursautai. Quelqu'un venait de me parler.

– Pardon ? dis-je, en émergeant de mes rêveries.

– Ne fais pas d'histoires et suis-moi, répéta l'homme.

Je restai pétrifié. Le toit de Casino s'effondrant sur ma tête ne m'aurait pas fait plus d'effet. Ce n'était pas possible. Ça devait être un cauchemar. J'allais me réveiller. Tout le monde pique. C'est tellement facile. Et moi...

– Pourquoi moi ? dis-je à voix haute.

– Je t'ai vu. Ne fais pas d'histoires.

Je suivis l'homme. Il me poussa dans un couloir puis ouvrit la porte d'un bureau.

– Vide tes poches.

Je posai le flacon sur la table.

– Vide tes poches.

Je sortis mes clefs, mon porte-monnaie, ma carte de téléphone. Je ne pensais plus. J'étais anéanti.

– Ça fait un moment que je t'ai à l'œil, dit le vigile, cette fois-ci, je t'ai pincé.

Pourquoi me parlait-il de cette façon ? Je n'étais pas un repris de justice !

– Tes papiers ?

– Je ne les ai pas sur moi.

– Parfait. Le numéro de téléphone de ton père ?

– Je n'ai pas de père, articulai-je péniblement.

– Tu te fous de moi ? hurla l'homme, tu veux qu'on aille au poste s'expliquer ?

– Mais je vous jure. Je sais pas où est mon père.

– Et tu n'as pas de mère non plus ? Tu es de l'Assistance peut-être ?

– Non. Vous voulez que j'appelle ma mère ?

Le vigile fit lui-même le numéro que je lui indiquai, me tendit le combiné et prit l'écouteur.

– Allô, maman ? Oui, c'est moi. Dis, j'ai un

problème. Non, je ne me suis pas planté en Mob. C'est… enfin… j'ai piqué un truc à Casino. J'avais fait un pari avec des copains. Oui… Ben oui. Je me suis fait prendre.

– J'arrive, me dit maman en raccrochant.

Je restai une heure et demie à me morfondre dans ce petit bureau. Enfin, ma mère entra, accompagnée du vigile. Elle prit le petit flacon du bout des doigts.

– Combien ? dit-elle.

– Deux cent soixante.

– Vous préférez du liquide, sans doute ?

– Oh, c'est sans importance, bredouilla le vigile.

Maman avait son air de grande dame qui met en déroute même les inspecteurs des impôts. Moi, j'avais plutôt l'air d'un chat qu'on viendrait de sortir d'un puits.

– Rentrons, dit maman.

Une fois à la maison, maman examina le parfum.

– « Ciel d'orage », marmonna-t-elle.

Et elle le respira. Elle me regarda avec une certaine brusquerie.

– Qu'est-ce que tu comptais en faire ?

– L'offrir.

– À qui ?

– À toi.

– Les voleurs, passe encore. Mais j'ai horreur qu'on me mente.

C'était dur à entendre. Mais j'encaissai.

– C'était pour Martine-Marie, rectifiai-je, on est un peu… fâchés.

– Une certaine Amandine, peut-être ?

– Amandine ou pâte à chou, je m'en fous, bougonnai-je.

Maman referma le flacon de parfum :

– Il faut que je t'explique, Émilien. Ce parfum-là n'est pas pour une jeune fille. Pour Martine-Marie, il faut quelque chose de frais, de fleuri, qui ne laisse pas un sillage derrière elle.

Maman posa le flacon sur une des étagères.

– « Ciel d'orage », conclut-elle, c'est pour moi.

Elle passa la main sur son front puis se saisit du téléphone. Elle fit un numéro, laissa sonner deux fois et me tendit l'appareil.

– Allô ? fit une voix fraîche et fleurie à l'autre bout du fil.

– Euh… Oh, Martine-Marie… euh… bonjour… Oui, c'est Émilien.

Du même auteur,
dans la collection Médium à l'école des loisirs

Ma vie a changé

Dans la série des Émilien :

Baby-sitter blues
Le trésor de mon père
Le clocher d'Abgall
Au bonheur des larmes
Un séducteur-né
Sans sucre, merci
Nos amours ne vont pas si mal

Dans la série des Nils Hazard :

Dinky rouge-sang
L'assassin est au collège
La dame qui tue
Tête à rap
Scénario catastrophe
Qui veut la peau de Maori Cannell ?

D. Fidji